L'INTELLIGENCE ÉMOTIONNELLE

Surmonter l'Anxiété et le Stress en Augmentant l'Estime de Soi et la Positivité Avec 7 Règles Simples Pour Vous Aider à Avoir une Vie Heureuse

Ryan Andrews

INDEX

Introduction

En tant qu'étudiant l'esprit humain et ses extraordinaires processus de pensée - et bien sûr en qualité d'analyste de la réalité contemporaine-, j'ai toujours trouvé que l'intelligence émotionnelle était un sujet d'un intérêt scientifique considérable et médico-légal.

Je m'appelle Ryan Andrews et j'écris sur les processus cognitifs, la psychologie, la manipulation mentale et le langage corporel depuis plusieurs années, avec un certain succès. Ce qui m'a conduit à la création de ce manuel, qui se veut plutôt un guide, avec ses 7 étapes, c'est l'observation de la prévalence des maladies mentales, comme la dépression.

Il est paradoxal que l'âge des possibilités soit aussi l'âge de l'insatisfaction, des ruptures mentales, de la dépression et du suicide.

Notre époque, grâce au progrès technologique, nous permet de nous réinventer à chaque instant, de découvrir tout ce qui nous intrigue, d'entrer en contact avec les gens quelle que soit la distance qui nous sépare, et pourtant nos villes sont remplies de personnes isolées, solitaires, qui vivent leur travail comme un fardeau et qui se plaignent d'une vie de couple dépourvue de l'amour qui l'a créée, et même dans certains cas qui la vivent comme une condamnation. Une partie du problème peut certainement être attribuée à la transformation de nos villes en véritables forges, qui sont tout sauf adaptées à l'échelle humaine.

Une partie du problème peut également être attribuée à l'apport constant de stimuli - parfois traumatisants - liés aux questions planétaires les plus épineuses. Mais il est difficile d'imaginer qu'un travailleur d'Europe centrale puisse entrer en dépression à cause du réchauffement de la planète ou de la crise climatique.

Quelles sont donc les véritables causes de cet effondrement émotionnel ? Au cours des cinquante dernières années, les études sur l'intelligence émotionnelle ont fourni tellement d'outils pour améliorer notre vie qu'il est devenu très clair que celle-ci contraste avec celle des autres.

Pourquoi nos vies sont-elles, au contraire, devenues si vides ?

Nous avons complètement perdu le contact avec nous-mêmes, avec notre nature, avec notre émotivité, qui est responsable de 99,9 % de nos actions et décisions. Et sans elle, nous avons également probablement perdu la capacité de nous rendre heureux.

Comment pouvons-nous être heureux si nous ne nous demandons jamais ce dont nous avons besoin ? Comment pouvons-nous être satisfaits de notre vie si nous avons complètement perdu la capacité de faire des choix en fonction de nos désirs ? L'intelligence émotionnelle est un outil indispensable pour corriger cette "cécité émotionnelle" acquise, pour permettre à ce que nous possédons naturellement de lire la réalité et de nous lire nous-mêmes en nous épanouissant à nouveau, et pas uniquement cela : l'intelligence émotionnelle peut nous apprendre à gérer nos émotions, à les diriger vers nos objectifs, et

à faire de même avec les émotions des personnes qui nous entourent.
J'ai également écrit d'autres livres, qui peuvent vous être utiles si Vous voulez mieux comprendre l'esprit humain et ses secrets. Le premier ouvrage s'intitule : « Manipulation mentale et langage corporel».
Rejoignez mon groupe Facebook pour être tenus au courant des sorties de mes livres :
https://www.facebook.com/groups/133626462031405

Recherche sur Facebook: **Ryan Andrews Readers Group**

Si vous le souhaitez, vous pouvez laisser une critique de mon travail à la fin de votre lecture. Votre opinion est très importante pour moi !
Bonne lecture

Ryan Andrews

Qu'est-ce que l'intelligence émotionnelle ?

Découvrez vos émotions : ce qu'elles sont et quel est leur rôle

Les émotions dans la théorie de l'évolution

Darwin a théorisé pour la première fois les émotions après la seconde moitié du 19ème siècle, en constatant qu'elles élaboraient une relation entre les espèces animales et les êtres humains. Il a identifié les émotions comme une série de processus adaptatifs fondamentaux dans la vie : la perception du danger, le besoin d'établir des liens intraspécifiques, le besoin de communiquer. Ce sont quelques-unes des caractéristiques communes à l'homme et aux espèces animales qu'il a étudiées. Il y a deux siècles déjà, les émotions étaient considérées comme essentielles à la survie de sa propre espèce et à la croissance correcte et saine des groupes sociaux. Sur la base de ces observations, il a théorisé que les "expressions émotionnelles" étaient en fait universelles et avaient une base biologique. Il s'agit d'une découverte absolument extraordinaire pour son époque, qui a en fait révolutionné la perception des émotions humaines, lesquelles sont devenues, à partir de ce moment, un objet d'étude prenant forme jusqu'à aujourd'hui comme l'un des plus grands domaines d'étude de la psychologie.

Les études les plus récentes sur les émotions

La définition la plus accréditée considère les émotions comme des phénomènes extrêmement complexes qui naissent et se développent à partir de l'interaction entre le sujet et le monde extérieur, et qui donnent lieu à des expériences cognitives et sensorielles. Ceux-ci sont parfois capables de déclencher des réactions "intentionnelles, adaptatives ou dysfonctionnelles".

Les émotions ont un lien direct avec la communication interne et externe elles communiquent avec le sujet qui en est imprégné, en l'informant sur son environnement (une augmentation du rythme cardiaque ou de la transpiration peut parfois indiquer une situation dangereuse), mais elles communiquent également avec l'extérieur par le biais des expressions faciales, qui envoient des signaux aux autres sujets présents. Ce bref aperçu scientifique des émotions, lorsqu'il est mis en relation avec le concept d'intelligence émotionnelle, fournit des éléments de réflexion importants. La peur, par exemple, peut nous amener à réagir instinctivement dans les bonnes situations, ou à attribuer notre comportement à une irrationalité totale dans les circonstances qui nécessitent le plus notre contrôle.

Examinons quelques exemples. Nous marchons seuls dans une rue sombre et tranquille, et nous entendons des pas derrière nous : dans ce contexte spécifique, nos instincts de survie et de protection délèguent à la peur la tâche de signaler une circonstance dangereuse. Aussi vrai que notre sensation puisse paraître, elle doit

Définir avec précision la meilleure façon d'agir dans cette circonstance. Être dominé par la peur peut être contre-productif, mais de nombreuses personnes paniquent et commencent à courir sans regarder dans la direction où elles vont.

Si nous sommes sur le point de passer un examen important, la crainte de ne pas pouvoir le passer comme nous le voudrions peut apparaître dès que nous franchissons le seuil de la salle de classe. Cette émotion puissante peut obscurcir notre pensée, nos heures d'étude et nos compétences, et nous empêcher de passer l'examen au mieux de nos capacités. C'est précisément à ce moment-là qu'il serait important de prendre le contrôle de nos émotions et de les dominer, afin d'en faire des facilitateurs de notre réussite, et non des ennemis, comme cela arrive malheureusement le plus souvent.

Le contrôle de nos émotions est également extrêmement important en ce qui concerne nos relations sociales.

La structure de la société contemporaine, qui est infiniment plus complexe que les agglomérations féodales d'il y a quelques siècles, impose une utilisation plus mesurée de nos émotions.
En d'autres termes, alors que les sociétés du passé étaient souvent marquées par le conflit, la recherche de la domination sur les autres et l'instinct de survie, même s'il s'agissait des comportements conçus pour la réussite, aujourd'hui, c'est la maîtrise de soi, la conscience de soi et le raisonnement qui nous permettent de poursuivre nos objectifs.
Mais comment en prendre conscience, en nous engageant sur un chemin de développement concret et fonctionnel pour augmenter notre intelligence émotionnelle ? Pour commencer, en apprenant à découvrir les émotions humaines.

Les émotions primaires et secondaires

Fondamentales à la vie, et innées, les émotions primaires sont présentes, indépendamment de l'ethnie et de la culture, chez chaque être humain du monde. Elles comprennent la joie, la peur, l'anxiété, la colère, la tristesse, le mépris, le dégoût et la surprise. Les émotions primaires sont indispensables à la survie, car elles sont capables de signaler au sujet une condition qui exige une réaction spécifique (la peur, par exemple, nous oblige à être vigilants, la joie induit un fort sentiment de bien-être, etc.), tandis que les émotions secondaires, ou complexes, sont étroitement liées à l'environnement dans lequel nous grandissons : sur la base de notre éducation, de nos expériences et de nos capacités cognitives, des émotions complexes se développent, qui sont des mélanges d'émotions primaires. Il s'agit notamment de la jalousie, de l'envie, de la culpabilité et de la honte. Découvrons-les ensemble.

La joie

La joie est une émotion vibrante et positive d'une grande importance, tant sur le plan émotionnel que physiologique. La joie peut apporter un bien-être émotionnel et un sentiment de grande positivité et d'optimisme, mais elle a également des implications physiologiques extraordinaires. En effet, la joie peut améliorer la santé de ceux qui en sont inhibés pendant une longue période, comme une infusion de vitamines ! Une personne joyeuse est, en général, en meilleure santé émotionnelle et physique qu'une personne déprimée ou très négative. Les raisons en sont strictement scientifiques et liées aux substances libérées dans notre corps
à chaque fois que nous ressentons ce sentiment.

La peur

La peur, l'une des émotions les plus anciennes, est une émotion de protection, car elle est déclenchée pour nous alerter d'un danger quelconque.

Normalement, la peur est déclenchée lorsque nous nous retrouvons dans une situation que nous avons déjà vécue et dont nous n'avons pas un bon souvenir. De même qu'un détecteur de fumée émet un signal sonore pour prévenir d'un incendie, la peur se déclenche pour signaler la possibilité d'un danger imminent. Dans d'autres cas, elle peut se manifester de manière irrationnelle par rapport à des personnes ou des situations que nous n'avons jamais connues auparavant, mais que notre cerveau perçoit comme dangereuses. C'est un allié précieux dans certaines situations, mais aussi un ennemi puissant si on la laisse prendre le dessus sur notre rationalité.

L'anxiété

Dans la société moderne, l'anxiété est l'une des causes les plus fréquentes de détresse sociale et de détérioration de la vie des personnes qui en souffrent. Malheureusement, elle touche une proportion de plus en plus importante de la population, avec des conséquences majeures associées à la consommation et à l'abus de drogues, de substances et d'alcool. L'anxiété naît d'un sentiment d'inquiétude face à quelque chose qui pourrait se produire, à quelque chose qui pourrait ne pas se produire comme nous le souhaitons ou à quelque chose que nous ne savons pas comment réagir pour la gérer. L'anxiété se caractérise par sa capacité à déclencher, dans les cas les plus extrêmes, un véritable sentiment de panique. Malheureusement, cette émotion est souvent liée au manque de rationalité de la personne concernée, de sorte qu'elle prend facilement le contrôle de son comportement, avec des effets peu positifs.

La colère

La colère est perçue de manière très négative par notre société. Pourtant c'est une émotion qui a tout à fait le droit d'être connue, explorée et exprimée. Il va sans dire que son expression doit être menée avec modération et contrôle - perdre son sang-froid en se mettant en colère ne mènera jamais à des actions ou à des réactions fructueuses ! -. La colère découle de ce que nous percevons comme un manque, par rapport à une attente. Parfois, elle est déclenchée par une f circonstance frustrante ou une circonstance qui nous apporte une sorte de mal-être. Il s'agit d'une émotion très puissante et complexe à gérer, et l'intelligence émotionnelle peut certainement y contribuer.

La tristesse

Une autre émotion plutôt négative est la tristesse.

Elle conduit ceux qui l'éprouvent à se fermer au monde extérieur émotionnellement, mais aussi physiquement, comme le soulignent souvent les hypothèses du langage paraverbal. De plus, la tristesse conduit à une réflexion profonde sur ce qui, selon soi, a provoqué cette émotion. La tristesse conduit également la personne qui la vit au besoin de traiter l'expérience, également parce que cette émotion survient souvent à cause de la perte d'êtres chers - personnes, animaux domestiques, etc. -, de la perte de quelque chose qui leur est cher, par exemple leur travail.

Le mépris et le dégoût

Ces émotions sont souvent liées entre elles et découlent d'apports négatifs, selon la perception de la personne qui les éprouve. Ce sont des émotions qui ont un fort impact sur les expressions faciales et qui constituent un élément pertinent pour l'évaluation de cc qui les a provoquées. Là aussi, il s'agit d'émotions archaïques, ancestrales, profondément ancrées dans le spectre de l'évolution humaine. Un élément perçu comme désagréable, une situation perçue comme répulsive, conduisent le sujet qui les éprouve à s'éloigner de la source de cettc sensation, et souvent à éviter des conséquences désagréables - comme un douloureux mal de ventre, dans le cas d'une mauvaise nourriture !

La surprise

Cela peut paraître étrange, mais la surprise est aussi l'une des émotions primaires : on en trouve des traces dès le plus jeune âge. Les nourrissons sont surpris lorsqu'ils sollicités par des sons stimuli auditifs, visuels, olfactifs, etc. En effet, la surprise est l'une des émotions les plus brèves. La surprise cède la place à une autre émotion, qui caractérise la réaction réelle au stimulus : joie, malaise, peur. Comme de nombreuses autres émotions, qu'elles soient primaires ou secondaires, la surprise peut varier en intensité et en durée, ce qui la caractérise différemment. Une forte surprise peut se transformer en effroi, ou en bonheur, tout comme une faible surprise peut donner lieu à une émotion plus faible et plus brève dans son déroulement.

Les émotions secondaires : la honte

Les émotions secondaires ont une origine environnementale directe : elles sont fortement soumises aux expériences individuelles et à l'environnement dans lequel la personne grandit et développe sa personnalité. Pour bien comprendre chacune des émotions secondaires, il faut toutefois garder à l'esprit qu'elles présentent également une corrélation inéluctable avec l'aspect évolutif.

La honte, par exemple, prend la forme d'une émotion fortement liée à l'instinct de survie : cette émotion impose à l'individu, par sa force transformatrice, de créer et de maintenir une bonne "image sociale", de manière à permettre le tissage de liens de qualité. Cela donnera l'occasion à l'individu de bénéficier d'une série d'avantages liés au fait de rester dans le groupe de ses pairs. Lorsque la honte est activée, à la suite d'une critique, d'un rejet ou d'une mise à l'écart du groupe social, après un moment initial de souffrance, nous sommes poussés à agir pour retrouver cet espace et ces avantages. Dans le même temps, afin d'obtenir à nouveau ces titres et ressources, nous pouvons activer involontairement un mécanisme de soumission.

Emotions secondaires : la culpabilité

Une émotion secondaire, plus récente et légèrement moins liée aux hypothèses d'évolution, est la culpabilité. Elle possède en effet un lien étroit avec la complexité de la société et ses normes éthiques, laquelle

Est le principal facteur d'activation de la culpabilité, qui existe en fait précisément lorsqu'elle n'est pas prise en compte. Ce sentiment, qu'il soit induit par d'autres individus ou par des circonstances spécifiques, incite ceux qui le ressentent à réfléchir à leur "erreur" - ou à ce qui est perçu comme tel -, voire à corriger le comportement jugé incorrect qu'ils identifient comme source de culpabilité.

Emotions secondaires : L'envie

L'envie est universellement perçue comme une émotion secondaire fortement négative en raison de ses implications sociales. Analysons ses origines : l'envie a une fonction strictement évolutive en ce sens qu'elle s'appuie sur une motivation à adopter un comportement visant spécifiquement à s'améliorer. Assumer de meilleurs avantages sociaux, optimiser ses ressources, améliorer son statut : en substance, l'envie pousse à adopter un comportement visant spécifiquement à se perfectionner et à évoluer.

Alors pourquoi est-elle perçue si négativement ? D'abord, parce que l'envie est une émotion très variable, et ensuite, parce qu'elle est liée à d'autres émotions. Il existe différents types d'envie : bénigne et maligne, dépressive ou hostile, en fonction de la dualité des émotions en jeu. L'envie est le plus souvent associée à des émotions primaires, comme la tristesse et la colère, mais parfois aussi à des émotions secondaires, comme la honte.

L'envie bénigne coïncide avec l'admiration, un sentiment de convoitise et l'imitation d'une autre personne. Elle n'implique aucun préjudice, ni pour l'envieux ni pour l'admirer, mais plutôt un sentiment de motivation qui permettra au sujet de s'améliorer, de ressembler à la personne enviée.

En revanche, l'envie maligne conduit la personne qui l'éprouve à essayer de détruire la motivation, l'estime de soi et le statut de la personne enviée.

Nous trouvons ici un inconvénient qui inclut les deux

personnes d'une manière conséquente.

L'envie dépressive, en revanche, suit un parcours insidieux dans l'esprit de la personne qui en souffre : elle l'oblige à se comparer constamment aux autres, mais ne la motive pas vraiment à s'améliorer. Les sentiments les plus fréquents qui y sont associés sont la tristesse, la dépression et le découragement. Cette forme d'envie ne nuit pas à la personne enviée, mais seulement à l'envieux.

Enfin, l'envie hostile, qui consiste en la formation de sentiments de colère, d'hostilité et de ressentiment chez le sujet. Ils en viennent à désirer l'échec des autres, à contribuer à la destruction du succès des autres et à en profiter à leur propre avantage.

Cette émotion a un fort potentiel destructeur, tant pour ceux qui l'éprouvent que pour ceux qui la subissent, aussi doit-elle être maîtrisée, explorée et dirigée correctement.

Après cette brève analyse des émotions universelles et des émotions complexes et environnementales, jetons un coup d'œil au contexte historique et culturel dans lequel nous sommes immergés, en faisant une brève réflexion sur leur relation. La vie contemporaine est dominée par la génération de la performance : productivité, perfection esthétique et pragmatisme sont les postulats fondamentaux de notre société.

Notre époque découvre pour la première fois une société qui condamne la fatigue et limite l'expression des émotions humaines, qui fait passer une esthétique irréprochable avant la fragilité et la faillibilité de l'âme. Les conséquences de cette tendance sont désastreuses, notamment en ce qui concerne la santé émotionnelle de la société à qui l'on demande, non pas d'explorer ses émotions jusqu'à la prise de conscience de son état émotionnel, mais plutôt de l'endormir par des médicaments et un calendrier de travail serré. Un tabou est imposé aux émotions négatives, ce qui ne contribue certainement pas à les éradiquer, mais plutôt à les rendre endémiques et persistantes, parfois pathologiques :

La tristesse, la frustration et l'insatisfaction, qui, lorsqu'elles sont fréquentes, se transforment en

dépression; l'anxiété, dissimulée et sédentaire, qui se transforme en une réelle incapacité à établir des relations sociales saines et fructueuses.

À chaque instant de nos journées mouvementées, nous pouvons ressentir l'une ou l'autre émotion, mais ce n'est qu'en en prenant pleinement conscience, et en leur laissant l'espace nécessaire pour nous signaler ce qu'elles ont besoin de communiquer, que nous atteindrons un niveau de sérénité toujours plus grand.

L'affirmation de soi : une compétence essentielle

Identifier et apprendre à connaître nos émotions est une étape très importante pour développer notre intelligence émotionnelle et accroître notre bien-être mental et physique au quotidien. Cependant, il est vraiment important de passer à l'étape suivante, qui consiste à savoir comment communiquer nos émotions et nos sentiments, ainsi que les interactions avec le monde extérieur de manière correcte, cohérente et claire. C'est le pouvoir de l'affirmation de soi. Du latin "ad serere", qui signifie "s'affirmer", l'affirmation de soi.

Est une caractéristique indispensable de la communication et des relations humaines saines.

Imaginons que nous vivions un moment particulièrement complexe, comme une perte, un deuil, une déception amoureuse ou un moment de grand stress professionnel. S'enfermer dans le silence, s'isoler et entrer dans une boucle de négativité et de souffrance, de frustration ou de colère, ne nous aidera en aucune façon à sortir de cet état d'esprit. En revanche, communiquer avec des proches afin de partager nos sentiments est un moyen tout à fait approprié pour traiter ce que nous ressentons, l'assimiler et le surmonter. Si nous le faisons nous-mêmes, avec notre assertivité, nous serons surpris de voir à quel point ceux qui nous entourent nous comprennent. Essayons de nous imaginer en train de vivre une expérience intense, par exemple une semaine de travail stressante et parfois frustrante. Le fait de s'isoler et de refuser de communiquer nos émotions - ou de le faire de manière inadéquate - ne fera qu'aggraver l'évolution de nos humeurs. Comme une cocotte-minute sans soupape de sécurité, nous risquons d'exploser ou de subir un stress émotionnel grave. C'est pourquoi l'affirmation de soi, correctement entraînée, est une compétence émotionnelle qui peut changer nos vies et rendre nos relations humaines florissantes.

Désactiver les schémas émotionnels : identifier et déconstruire les déclencheurs.

Chacun de nous porte en lui une foule d'expériences, plus ou moins pertinentes pour sa mémoire, qui ont été caractérisées par une réponse émotionnelle spécifique. La concomitance entre l'expérience et l'émotion qui en découle, au fil du temps, constitues-en chacun de nous un schéma que nous essayons de répéter de manière tout à fait naturelle et spontanée, presque physiologiquement. Ce mécanisme, si cher à la psychologie humaine, suit le besoin de cataloguer les expériences, en leur associant une réaction que nous pouvons identifier comme "instinctive", surtout si elle est renforcée dans le temps par la répétition du modèle stimulus-réponse. Ces schémas émotionnels instinctifs, ou "déclencheurs", comme on les a définis, se répètent dans le temps et nous accompagnent tout au long de notre vie, empiétant souvent sur notre raisonnement, précisément parce que nous avons mis en place une réponse instinctive qui n'a pas grand-chose à voir avec la logique. Examinons quelques exemples pour mieux comprendre l'impact de ces modèles sur notre vie quotidienne. Nous suivons un cours universitaire exigeant, pour lequel nous avons étudié avec assiduité et élaboré un projet très intéressant. Lors de l'examen, le professeur stigmatise notre travail devant l'ensemble delà classe, reprochant au contenu du projet d'être inintéressant. Notre réaction instinctive pourrait être de défendre la qualité de notre travail de préparation en argumentant sur un ton agacé et peu coopératif. Le résultat ? Le professeur donnera une note négative, ne changeant en rien son attitude initiale.

Revenons sur toutes les fois où nous avons été critiqués par nos parents ; alors que nous étions très occupés à passer un test à l'école, ils nounous avaient demandé les notes de nos camarades de classe. Au lieu de louer nos efforts, ils s'étaient désintéressés de notre travail, dépréciant ainsi nos efforts. Il est clair que cette expérience nous a marqués au point d'instiller en nous une réaction instinctive de déception, de frustration et de colère, que nous ne pouvons-nous empêcher d'exprimer. Comme la cocotte-minute mentionnée ci-dessus, en quelques secondes, ces mêmes émotions ont été réactivées en nous, obscurcissant notre capacité à nous contrôler.

L'explosion a été imminente : nous avons réagi par la colère, la haine, la déception et la frustration, retombant une fois de plus dans ce schéma.

Répéter ce déclencheur émotionnel ne nous apportera pas le succès et n'améliorera pas notre humeur. Comment pouvons-nous désactiver un schéma émotionnel aussi puissant et automatique ? Pour commencer, il est important de reconnaître sa valeur : nous devons toujours nous rappeler que tout ce qui est déclenché par notre instinct est par définition dépourvu de logique, de rationalité et de réflexion. Comment les réactions instinctives peuvent-elles coïncider avec nos objectifs ?

Inspirons profondément et essayons de prendre quelques instants pour nous évader par la pensée, en nous concentrant sur autre chose. Un son, une couleur, un objet dans notre environnement. Ensuite, analysons cette sensation intrusive et ramenons-la à son état : un déclencheur à désactiver, composé de décalages dus à des stimuli.

Ne laissons pas le professeur, aussi superficiel et grossier soit-il, prendre en charge nos schémas émotionnels. Sa perception de notre personne ne changera pas - si ce n'est par la négative -, nous pouvons donc plutôt changer notre perception de nous-mêmes en activant une série d'émotions et de comportements positifs plus propices à la réalisation de nos objectifs. Nous pourrions penser à identifier ce que le professeur trouve inintéressant et à le remplacer, lors du prochain examen, par quelque chose qui pourrait lui convenir davantage, rendant notre travail digne de son attention, ou nous pourrions accepter son point de vue, en continuant notre travail, sans lui donner le moyen d'évaluer nos efforts.

Un autre aspect très important de ce processus est de ne pas céder à la victimisation ou, au rejet de la responsabilité sur autrui : résoudre un sentiment de colère et de frustration causé par un "déclencheur" en rejetant la responsabilité de cette circonstance désagréable sur une autre personne ne nous aidera pas à nous améliorer, et encore moins à nous développer en termes d'intelligence émotionnelle.

Assumer la responsabilité de nos actes est une lacune qu'il ne faut pas négliger, même en désactivant un schéma émotionnel. Nous tromper nous-mêmes en attribuant à d'autres la tâche de justifier leurs actions est un faux pas qui, avec le temps, nous habitue à ne jamais nous confronter à nous-mêmes, à nos limites et à notre potentiel réel.

Il nous revient – et à nous seuls – d'évaluer notre travail objectivement ! En nous laissant envahir par des émotions positives, en désactivant les déclencheurs émotionnels et en évaluant correctement nos erreurs et nos réussites, nous pourrons nous épanouir dans notre relation avec les personnes qui nous entourent et avec les circonstances de la vie auxquelles nous sommes confrontés.

Notre corps nous parle de nos émotions

Être à l'écoute de notre corps est une étape fondamentale pour nous connaître davantage et prendre conscience de nos émotions de manière très précise. Les émotions ont effectivement un fort impact sur notre corps, car elles représentent un véhicule de communication avec le monde extérieur : même si nous restons silencieux, les personnes qui nous entourent peuvent détecter notre état émotionnel à travers notre posture, le rythme de notre respiration, nos expressions, etc. Lorsque nous sommes très inquiets ou anxieux, nous avons tendance à nous renfermer émotionnellement, mais aussi physiquement. Notre physiologie est également affectée : des mains tremblantes, une respiration et un rythme cardiaque accélérés, un sentiment de fermeture, des mouvements vifs sont autant de signes d'un état émotionnel anxieux. La honte est également clairement perceptible, à travers la rougeur du visage, la posture de la tête baissée, les épaules tombantes et l'entrelacement des mains.

Il en va de même pour la joie ou la peur, avec leurs expressions faciales spécifiques et reconnaissables, ainsi que pour la colère, avec la dilatation des pupilles et l'élévation du ton de la voix.

Chaque émotion raconte sa propre histoire à travers le corps, que nous le voulions ou non : incroyablement, même ceux qui pensent pouvoir se rendre imperméables à l'œil extérieur révèlent leur humeur à travers leur posture et leur langage verbal.

Bien qu'il soit habité dès le premier instant de la vie, le corps reste pour beaucoup une île inconnue, un lieu mystérieux : apprendre à l'écouter, explorer ses limites et ses frontières, c'est prendrc conscience d'une valeur inestimable pour notre croissance personnelle, pour notre intelligence émotionnelle et pour améliorer notre vie. En écoutant chaque signal de notre corps, nous apprendrons également à reprendre le contrôle de

Nos émotions grâce à notre corps. Comment ? Simple question de physiologie !

Lorsque nous sommes anxieux, notre rythme cardiaque s'accélère, notre respiration devient plus courte, nous manquons d'oxygène plus facilement, et nous laissons lentement nos émotions contrôler nos actions, au mépris de la rationalité. Si elle n'est pas maîtrisée, l'anxiété peut facilement galoper et nous entraîner dans un état de panique dont nous sortirons épuisés et frustrés. Pour commencer, nous reprenons le contrôle de notre respiration en ralentissant le rythme : nous prenons des respirations longues et profondes, en aspirant l'oxygène dans nos poumons pendant quelques secondes. De cette façon, nous activons un processus d'oxygénation de notre organisme, nous imposons un ralentissement du rythme cardiaque, nous focalisons notre attention sur une fonction vitale compromise. Essayons de le faire dans une position d'ouverture, en étendant légèrement les bras, en soulevant le menton. Dans quelques minutes, un sentiment de soulagement nous envahira, notre corps ayant inversé le cours d'une émotion, de l'anxiété, en transformant nos traits physiologiques et en ramenant la lucidité et la sérénité.

Lorsque nous sommes particulièrement tristes, notre corps semble s'abandonner, adoptant des postures inconfortables et résignées, ralentissant notre respiration et même notre rythme cardiaque, voûtant nos épaules et réduisant même le ton de notre voix. Cette attitude physique, incohérente, nous motive encore plus, et la baisse de notre tension artérielle contribue à nous enlever la volonté d'affronter la journée. Une baisse d'énergie et de motivation sont les conséquences directes de la tristesse. N'avez-vous jamais souhaité devenir un super-héros pour vous sentir mieux ? Je ne suis pas fou : il a été scientifiquement prouvé qu'assumer une position associée à l'image que nous avons tous des super-héros augmente considérablement notre bien-être psychophysique, notre estime de soi, et a même un effet considérable sur nos performances.

Mettons-nous debout, levons légèrement le menton en dirigeant notre regard au loin et avec fierté, étendons nos bras et plaçons nos mains sur nos hanches, tirons notre poitrine vers l'extérieur en respirant profondément et lâchons prise. Gardons cette position pendant quelques minutes.

Nous sommes des super-héros, chacun à notre manière.

Remodeler votre façon de penser en vous détachant de vos émotions

Le premier pas vers l'intelligence émotionnelle est accompli !

Dans ce chapitre, nous avons examiné ensemble tous les aspects de l'émotivité, notamment en analysant ses origines ataviques universelles, qui sont inextricablement liées à l'instinct naturel de survie que tout être humain partage, puis en définissant individuellement certaines des émotions primaires et secondaires (ou complexes) les plus courantes. Connaître toutes les nuances de notre émotivité est prépondérant à l'activation d'une réelle amélioration de nos vies. Le bien-être qui découle de l'abandon de la répression émotionnelle, ou de la confusion due à la surcharge émotionnelle, sera une panacée pour chaque moment que nous passerons par la suite.

Nous avons pu explorer les avantages et l'importance de pouvoir communiquer nos émotions aux autres de manière correcte et claire, grâce à l'acquisition de l'assertivité dans notre bagage.

Cette compétence nous permet non seulement de traiter nos pensées et notre état émotionnel à haute voix, mais aussi et surtout d'enrichir nos liens, de rendre nos relations

florissantes et d'améliorer notre bien-être. La complicité qui peut résulter d'un tel moment de partage est inestimable pour une relation, qu'elle soit amoureuse, amicale ou familiale. L'affirmation de soi nous permet de prendre conscience de nos émotions, d'améliorer nos relations humaines et de définir nos capacités de communication de manière positive. Les seuls impératifs de ce processus sont la cohérence, la transparence et la clarté - car sinon, cela ne serait pas de l'affirmation de soi !
En allant encore plus loin dans l'étude des émotions, nous avons défini un moyen d'identifier et de déconstruire ce que l'on appelle les "déclencheurs" : des schémas émotionnels instinctifs qui sont parfois très dommageables pour notre vie, surtout s'ils sont liés à des objectifs spécifiques.
Nous avons également vu comment détruire ces modèles, à savoir :
Reconnaître, d'une part, leur origine, analyser, d'autre part, les raisons de la réaction instinctive que nous aurions, et ensuite évaluer, sur la base de nos besoins et de nos objectifs, la meilleure réaction - et la plus appropriée - au contexte dans lequel nous nous trouvons. En définitive, nous avons vu que la reconnaissance d'un schéma émotionnel (lié à un souvenir d'enfance, par exemple) ne nous dispense pas de la responsabilité d'évaluer honnêtement nos actions, sans toujours attribuer la faute au monde extérieur, mais en identifiant en nous - et

seulement en nous-, les auteurs et les scénaristes de nos comportements dans le présent.
Enfin, en apprenant les bases de la pratique méditative, nous avons défini comment, et pourquoi il est fondamental d'agir avec un léger détachement de ses émotions, et quels sont les avantages d'acquérir cette compétence et de l'exercer à chaque instant de notre vie quotidienne.
Jusqu'à présent, l'accent était mis sur nous : apprendre à nous connaître, à communiquer, à nous analyser, à nous déconstruire sont des processus que nous avons appris choisi de nous appliquer à nous-mêmes afin de cultiver notre intelligence émotionnelle et de ne plus être sous l'emprise de notre émotivité. En bref, prendre le contrôle de notre vie, en assumant pleinement et consciemment les rênes, afin de poursuivre des objectifs réalisables, en laissant de côté l'irrationalité et les vieux schémas.
L'étape suivante, une fois que nous avons appris et mémorisé cela, consiste à reconnaître l'appareil émotionnel des autres : les sentiments des autres, leurs émotions et leurs réactions.

Découvrez et cultivez votre capacité émotionnelle

L'ingrédient secret de la réussite dans les relations

Le terme empathie vient du grec " εμπάθεια " (empátheia), composé de " en " et " pathos ", et signifie littéralement " ressentir intérieurement ".

Ressentir les émotions des autres comme si elles étaient les vôtres, les comprendre pleinement et être capable d'éprouver un profond sentiment d'empathie est exactement la définition de la compétence émotionnelle et communicative que nous allons explorer.

La capacité de percevoir et de comprendre les émotions des autres, voire d'éprouver de l'empathie à leur égard, est une capacité innée de l'être humain, qui, au cours de la vie, est de plus en plus mise sous pression par l'orientation individualiste de notre culture.

La capacité empathique repose sur la volonté d'observer une série de signaux : ton de la voix, expressivité, posture, gestes, etc. Ces signaux sont comparables, en termes d'interprétation, à la "traduction" d'une langue réelle. Cependant, nous ne sommes pas toujours disposés à le faire

à l'âge adulte, alors qu'il a été observé, comme nous le verrons plus loin, que cette capacité est profondément ancrée en nous.
Dans les années 1970, le psychologue Robert Rosenthal a conçu un test pour vérifier et mesurer l'empathie d'une personne, le PONS (Profile of Nonverbal Sensitivity – Profil de la sensibilité Non Verbale). Ce test consistait à exposer le sujet des vidéos dans lesquelles le protagoniste était filmé alors qu'il exprimait une série d'émotions. La particularité de ce test était précisément d'empêcher la vision des signaux verbaux ou paraverbaux utiles à la compréhension immédiate de la circonstance. Dans une vidéo, il n'y avait pas de son, dans une autre, il n'y avait pas de vue précise de la posture adoptée, dans une autre seul le visage était visible, et ainsi de suite, dans chaque séquence. Cette stratégie a obligé le sujet à analyser plus précisément les seuls signaux dont il disposait.
À la fin des années 1980, le psychologue et conférencier de Harvard, Daniel Goleman, déjà mentionné dans ce texte, a publié dans le New York Times une partie d'une étude sur les origines de l'empathie, ses racines dans le développement cognitif et ses fondements neurologiques. Il a observé que, dans les pouponnières des hôpitaux, les nouveau-nés réagissaient immédiatement au cri d'un autre enfant, cédant instinctivement à un cri émis. Il avait observé que les enfants présentaient aussi fréquemment

des comportements typiquement empathiques : dans la cour de récréation, par exemple, s'ils voyaient un camarade tomber et s'écorcher le genou, ils couraient pour être rassurés et consolés, comme s'ils étaient eux aussi tombés. Ces évaluations sont préparatoires à la compréhension des origines innées de l'empathie, qui est aussi un outil de survie au sein du groupe.

La compréhension des émotions et des sentiments des personnes qui nous entourent est fondamentale :

- nous protéger en cas de besoin ;
- développer des relations plus durables et plus stables ; nous donnent le contrôle sur ce qui se passe autour de nous.

La capacité empathique semble se dégrader au fur et à mesure que les individus grandissent et, à un âge avancé, ils montrent de moins en moins d'empathie envers les membres de leur groupe social. Statistiquement, il a été constaté que ce sont les femmes qui ont le plus tendance à faire preuve d'empathie envers les personnes qui les entourent, probablement parce qu'elles sont plus souvent obligées d'exercer cette capacité lorsqu'elles sont confrontées à la parentalité, par exemple.

Nous avons intitulé ce chapitre avec l'opportunité de l'exercice de l'empathie pour améliorer nettement nos relations sociales. Après ces prémisses nécessaires, nous comprenons très bien pourquoi nous pouvons dire qu’il s’agit d’un véritable atout dans nos relations sociales.

Imaginons un scénario typique : Sara et Maria, amies depuis l'enfance, entrent dans l'âge adulte et vivent leurs premières relations amoureuses. L'une d'elles se sent délaissée par l'autre, qui sort toujours avec son nouveau petit ami, Matteo. Elle essaie donc de l'inviter à sortir pour passer du temps ensemble, comme elles le faisaient auparavant, sans grand résultat. Maria, en effet, qui est fiancée à Matteo, a vraiment perdu la tête pour cet homme drôle et athlétique, et ne se rend pas compte que Sara se sent soudainement coupée de sa vie et de leur amitié, si bien qu'elle refuse invitation après invitation de passer plus de temps avec Matteo. Elle ne s'inquiète pas du tout des conséquences de ces refus, parce qu'elle est absorbée par sa nouvelle relation et parce qu'elle est incapable de capter les signaux de son ancienne amie, tenant pour acquis que Sara comprendra son absence et sera même heureuse pour elle.

La conclusion logique de cette situation sera un éloignement des deux amies d'enfance, qui ne sera peut-être jamais résolu. D'une part à cause du manque d'empathie de Maria, qui, troublée par son engouement amoureux, ne perçoit pas les signaux de Sara et, d'autre part, à cause du manque d'assurance de cette dernière à communiquer clairement ses sentiments.

Combien de relations se terminent à cause d'un manque d'empathie pour l'autre ? Combien de relations heureuses se terminent à cause d'un manque d'empathie entre les partenaires ? Nous tenons malheureusement pour acquis que toutes nos connaissances, nos amis et les membres de notre famille s'affirment - ils devraient lire ce livre ! - mais ce n'est pas le cas. Tout le monde n'est pas doté de la capacité de verbaliser clairement et précisément ses émotions, c'est pourquoi être capable de les appréhender - et se doter d'une plus grande empathie - peut littéralement être la solution gagnante de notre bonheur relationnel, la bouée de sauvetage de nos amitiés, le phare de toutes les incompréhensions.

Que pouvons-nous faire pour améliorer notre embauche potentielle ?

Cultiver, développer et accroître l'efficacité de notre empathie peut signifier, dans des contextes houleux tels qu'une dispute ou un désaccord, que l'on empêche nos émotions de nous troubler.
Si nous sommes impliqués dans une dispute, il est clair que la colère, avec sa charge explosive, nous empêchera presque certainement de prêter attention aux signaux émotionnels de l'autre personne, de faire preuve d'empathie à son égard et de mettre fin à la dispute. Comme toujours, c'est plus facile à dire qu'à faire ! Mais revenons à ce que nous avons appris jusqu'à présent en matière d'intelligence émotionnelle : nous reconnaissons et apprenons ensuite à gérer nos émotions, en nous orientant vers une réaction conforme à notre objectif.
Voulons-nous clarifier la querelle et faire la paix ? Il n'y a pas

d'autre moyen que de faire un effort pour comprendre l'interlocuteur, ses raisons et ses émotions.
Mais si nous sommes aveuglés par la colère, nous risquons d'écouter une chanson sans l'entendre : comme le dirait Goleman, les personnes qui manquent d'empathie d'un point de vue émotionnel sont "sourdes".
Alors comment désamorcer ce soudain déficit émotionnel ? En activant une technique de libération de notre colère qui, dans ce contexte, nous empêche objectivement d'agir lucidement, une identification empathique, très importante pour la résolution du conflit en cours, plaçant un voile entre l'interlocuteur et nous.
Prenons quelques minutes pour nous concentrer sur l'émotion que nous ressentons, la colère, en visualisant sa forme et son mouvement, comme si elle était dotée de matière, avec sa propre consistance, sa couleur et sa dimension. Une fois visualisée, faisons-la sortir de nous-mêmes.
Réfléchissons à la vitesse à laquelle elle tourbillonne dans un cercle.
Maintenant, pensez à une couleur que nous trouvons relaxante, curative, accueillante, et utilisez-la pour colorer ce flux tourbillonnant d'émotions, puis ralentissez-le, et enfin débutez le mouvement. Nous avons maintenant devant nous un fluide transformé, s'écoulant lentement et brillant d'une couleur qui nous apporte sérénité et calme. Concentrons-nous à nouveau sur la sensation reposante de ce flux, puis revenons à l'observation de notre interlocuteur. Nous examinons attentivement son langage

corporel, sa façon de parler, sa posture, ses expressions faciales. Nous essayons de capter les signaux qui nous renseignent sur ses émotions, sur ce qui le pousse vraiment à discuter avec nous. Une déception ? Un manque ? Que pouvons-nous faire pour le rassurer ? Nous agissons ainsi par empathie. Tout notre flux émotionnel nous amène à comprendre celui de notre interlocuteur, sans entraver l'échange d'informations indispensable à la résolution de cette discussion. Si nous appliquions cette méthode à toutes nos conversations, nous pourrions avoir beaucoup moins de discussions inutiles et dommageables, et beaucoup plus de conversations honnêtes et constructives. La qualité de nos relations, une fois l'empathie correctement élaborée, sera bien plus élevée et nous serons aussi plus satisfaits et plus sereins !
Quel bruit fait le bonheur ? Ce bruit ressemble un peu à
un peu comme de l'empathie !

Empathie et leadership : une histoire d'amour

Nous avons observé à quel point l'utilisation de l'empathie dans les relations interpersonnelles, notamment en amour, en amitié ou en famille, peut être bénéfique.
Y a-t-il quelque chose de plus positif que d'être entouré d'êtres chers avec lesquels vous entretenez enfin une relation stable, pleine de positivité et de complicité ? Ce

genre de tendance peut vraiment améliorer notre vie quotidienne. Alors pourquoi ne pas exercer le même type de contrôle dans la sphère professionnelle ?

Quel que soit notre rôle dans l'entreprise pour laquelle nous travaillons, l'application de nos compétences empathiques acquises donnera à nos relations avec nos collègues un coup de pouce dans le sens d'une coopération renouvelée ! Une bouffée d'air frais, sans aucun doute ! Essayons d'imaginer combien nos relations de travail seraient meilleures si seulement nous pouvions nous connecter aux émotions de nos collègues : leur frustration, leur fatigue, leur démotivation. Nous créerions un coin de sérénité pour eux si, à chaque fois que nous interagissons, ils sentaient qu'ils pouvaient enfin être compris.

Combien de fois notre patron nous a-t-il dit que le travail que nous avons effectué aurait pu être livré beaucoup plus tôt, que nous aurions pu mieux le faire mieux ? Combien de fois est-il arrivé qu'il le dévalorise ? Cela est certainement arrivé également nos collègues, et l'exercice de notre empathie nous permettra d’être beaucoup plus profondément connectés aux sentiments et aux besoins des autres, ce qui nous permettra d'agir comme des motivateurs.

Au sein d'une équipe, montrer que nous sommes capables de comprendre les besoins et les émotions, l'état d'esprit et les difficultés nous offre une série d'opportunités vraiment importantes : en premier lieu, cela améliorera nos relations avec nos collègues - qui voudrait d'un collègue de travail indifférent et imperméable à ce que nous ressentons ? - mais pas uniquement : ce confrère nous distinguera comme une personne capable de comprendre et de motiver, d'inciter et de se mettre au même niveau que les autres pour agir en équipe ! Un véritable succès Qu'est-ce que l'empathie a en commun avec le leadership ? Lorsque j'ai souligné l'insatisfaction de votre patron à l'égard de votre travail, j'ai utilisé le terme "patron" à bon escient.

Selon la célèbre citation de William A. Ward, "Le leadership repose sur l'inspiration, et non sur la capacité à dicter aux autres ; sur la collaboration, et non sur l'intimidation", et Teddy Roosevelt a dit "Le leader dirige, le patron dirige. »

Un leader se plaint des erreurs, fait des remarques ses "employés", mais un vrai dirigeant accomplit avec empathie et respect un travail de collaboration et d'inspiration. Devenir un spécialiste ne nous assurera pas immédiatement une meilleure position dans l'entreprise pour laquelle nous travaillons, mais cela fera certainement de nous un expert dans notre domaine, parce que nous sommes capables de travailler en équipe, de motiver nos collègues en colère et frustrés, parce que nous sommes capables de faire un meilleur travail avec nos collègues et d'ajouter de la valeur à notre travail.

Cet aspect était fondamental dans l'étude de Goleman,

L'étude du spécialiste qui a fait de l'intelligence émotionnelle un outil incroyablement transformateur en termes de réussite personnelle, mais surtout professionnelle.

Découvrons de nouveaux points de vue

Combien de fois, pendant notre adolescence, nous sommes-nous sentis incompris par nos parents ? Combien de fois avons-nous entendu nos plus grandes passions qualifiées de "hobbies" ou de "modes passagères" ? Ce type de friction nous a fait nous sentir incompris et rabaissés jusqu'à l'âge adulte, au point d'activer parfois de véritables déclencheurs émotionnels, de sorte que chaque fois que nous nous sommes sentis diminués, nous avons ressenti une frustration et une colère très fortes qui nous ont amenés à répondre que cette activité était en fait notre plus grand rêve !

Lorsque, des années plus tard, nous découvrons que ce n'est pas le cas, nous ressentons toujours une certaine affection pour ce ballon, ou pour cet album dont nous avons essayé de gratter les cordes à la guitare. Après notre adolescence, nous n'avions plus envie de devenir de grands footballeurs ou des musiciens, car, en étudiant, nous nous sommes découvert une passion dans d'autres domaines.

Pourtant, ce sentiment ne nous a pas quittés : nous ne nous sentions pas compris.

Ce déficit de communication est principalement de nature émotionnelle. Cela n'a rien à voir avec les générations, ni avec l'âge que nous avions.

Avoir la capacité extraordinaire de changer de perspective et de remettre en question son propre point de vue, être capable de regarder les circonstances à travers les yeux de la personne qui nous parle est un véritable super pouvoir, surtout à notre époque. Entraînons-nous chaque jour à ne pas juger immédiatement avec notre propre point de vue ce qui se présente à nous au cours de la journée, mais à écouter les autres de manière vraiment active : mettons-nous à la place des personnes que nous aimons pour comprendre la manière dont elles vivent les expériences dont elles nous parlent, pour comprendre la manière dont elles rêvent ou évoluent.

Si notre fiancée nous parle avec passion de sa querelle avec sa meilleure amie, ne le balayons pas de mots rassurants tels que "vous serez de nouveau amies, c'est sûr" en continuant de regarder la télévision. Elle se sent probablement frustrée et désolée de ce qui se passe dans son amitié la plus importante. Changeons notre perspective et écoutons ce qu'elle a à nous dire, exerçons notre empathie, interprétons ses dires et incluons également son ressenti. Ce n'est qu'alors que nous formulerons une

pensée, qui n'est pas le produit de notre seul point de vue extérieur et désintéressé, mais qui est cohérente avec sa vision de cette situation conflictuelle.
Si notre fils nous révèle qu'il veut devenir un acteur riche et célèbre lorsqu'il sera adulte, ne banalisons pas cette déclaration en lui disant qu'il est beaucoup plus probable, ou facile pour lui, de faire un autre métier à l'âge adulte. Pas seulement parce que les rêves d'un enfant sont précieux, mais parce que, de son point de vue, tout est possible. Lorsqu'il sera adulte, il découvrira par lui-même s'il possède ou non le talent pour la comédie. Il n'a pas besoin de voir son enthousiasme brisé alors qu'il partage ses rêves avec nous.
C'est un grand privilège d'avoir sa confiance, alors cultivons-la en essayant d'entendre son point de vue. Encourageons-le plutôt à travailler dur s'il veut vraiment atteindre cet objectif. Changeons de perspective. Lorsqu'il sera devenu un homme, qu'il soit devenu un acteur à succès ou non, il vous sera reconnaissant.

Devenons les archéologues de notre empathie !

Il est clair que la lecture de ce chapitre ne suffira pas à développer l'empathie : lorsque nous nous trouvons face à une personne dont nous voulons vraiment saisir l'état émotionnel afin de mieux comprendre ce qu'elle veut nous dire et que nous n'y parvenons pas, nous devons intensifier notre entraînement ! L'empathie, aussi innée soit-elle, n'est qu'une discipline à pratiquer.

Comme nous l'avons vu, le fait de grandir et de vivre dans une culture qui nous pousse à recentrer notre attention sur nous-mêmes et notre avenir, notre statut économique, notre statut et notre image, nous éloigne par conséquent de la formation de l'empathie. Au fil du temps, vous transformez quelque chose d'inné et de spontané en une compétence qu'il faut retrouver. Mais comment ?

Ce n'est pas facile, mais c'est un élément qui est absolument inhérent à chacun d'entre nous, nous devons juste le redécouvrir !

En tant qu'"animal social", l'être humain est naturellement enclin à assurer une meilleure condition de vie au sein de son groupe et, pour réussir dans cette entreprise, l'intelligence émotionnelle est nécessaire, et l'empathie en fait partie. Savoir saisir l'état d'esprit de ceux qui nous entourent est une partie de notre garantie de sécurité, de survie, la garantie d'une meilleure conduite de la vie en société et de meilleures relations sociales. L'empathie est présente en chacun de nous, il suffit juste de trouver, comme si nous étions de petits archéologues, la bonne brosse pour enlever le sable et le ramener vers la lumière.

Notre femme veut nous parler et, inquiets, nous nous

dirigeons vers le canapé. Nous nous asseyons avec précaution et essayons de déchiffrer sur son visage ce qu'elle veut nous dire.
Rien sur ses traits ne permet de relever une éventuelle information ou une anticipation sur ce ce qu'elle va dire. Nous ne savons pas si elle va nous apprendre de bonnes ou de mauvaises nouvelles - mais nous nous préparons à tout. Peu importe notre approche, nous ne pouvons pas capter de "signaux".
Si nous connaissons cette situation, il n'y a aucun doute : nous devons nous entraîner !
Pour ce faire, commençons par nous-mêmes : apprenons à écouter de plus en plus attentivement notre corps, les sensations que nous ressentons en fonction des stimuli, prêtons l'oreille pour entendre le moindre son autour de nous, écoutons attentivement nos émotions, ressentons ce qui nous entoure avec tous nos sens en éveil. Souvenons-nous toujours que connaître les autres, c'est être pleinement conscient de nous-même et de nos propres sentiments, c'est appréhender chaque aspect de nous-même et de notre environnement. Discernant chaque aspect de notre émotivité à fond.
Travaillons sur nous-mêmes avec persévérance et engagement, avec cœur et le sens de l'acceptation. Dès que nous aurons acquis une connaissance approfondie de nous-mêmes, nous pourrons commencer à capter les signaux de

ceux qui nous entourent.

Quels sont les signes à apprendre et à reconnaître ?

Les émotions se racontent et se forgent à travers notre corps. C'est la réalité pour tout le monde. À chaque instant, notre corps, et celui des autres, communique son état d'esprit et sa santé, tant mentale que physique. Au moins une fois dans notre vie, nous avons rencontré un ami et lui avons demandé : "Bonjour, comment vas-tu, est-ce que tu vas bien ? Il arrive aussi que, lorsqu'il ou elle vous a répondu "très bien, merci", nous avons eu l'impression que quelque chose n'allait pas.

Si notre besoin de formation est incontestable, nous avons également perçu, sans pouvoir le régler, un signe de malaise, ce qui contredisait la réponse de notre ami, "très bien, merci". Cultiver et développer notre empathie peut littéralement transformer ces expériences en véritables moments de partage : créer un espace sûr pour les personnes que nous aimons, partager nos pensées avec elles et les laisser se sentir à l'aise pour partager les leurs, est une véritable évolution ! Capter les signaux de nos proches est une étape fondamentale dans le développement de nos compétences empathiques.

Passons aux signaux corporels : nous avons appris que notre corps nous parle de lui-même, à travers la posture, les gestes et la façon dont nous nous déplaçons dans notre espace, les expressions du visage, la respiration, le ton de la voix. Découvrons-les ensemble :

- ***Posture, gestes, mouvements***

Notre corps réagit de manière très spécifique à notre état émotionnel, ayant tendance à s'affaisser, à se relâcher. Nos bras pendent, notre tête et nos épaules sont basses. Les tensions musculaires sont absentes dans les épaules et les membres, souvent aussi dans le cou et le visage. Lorsque nous sommes plus détendus, nous avons tendance à relever le visage, à élargir les épaules en sortant la poitrine, à avoir des mouvements des bras plus actifs qui suivent nos mouvements et à avoir les épaules droites par rapport à ce que nous faisons. Les mouvements changent également : nous avons tendance à occuper l'espace, à bouger nerveusement lorsque nous sommes en colère ou anxieux, tandis que nous exprimons notre maîtrise de la pièce, en bougeant calmement mais avec assurance, lorsque nous sommes sereins, mais confiants. Le fait de nous toucher fréquemment le visage, les cheveux ou les vêtements est généralement un signe de malaise et de nervosité. S'asseoir avec les jambes légèrement écartées est un signe de force, d'estime de soi et de maîtrise. Garder les bras croisés - en fonction du contexte - peut signifier

la fermeture, en particulier dans une discussion ou un débat.
La gesticulation avec les mains peut signifier la confiance et la sécurité, si elle est faite avec des mouvements fluides et amples, ou la nervosité si les muscles restent contractés et que les mouvements sont saccadés et peu amples.

- ***Les expressions faciales***

Notre visage est composé de pas moins de dix-huit groupes de muscles, qui sont responsables de la mimique, c'est-à-dire de l'expressivité. À partir de là, nous pouvons déjà comprendre à quel point l'interprétation des signaux sur le visage d'une personne est complexe.
Chaque individu peut donner lieu à des centaines d'expressions différentes et uniques, mais l'étude de ce spectaculaire appareil expressif nous a permis d'identifier certains signaux précis et de les traduire de manière universelle.
Commençons par les yeux, définis par beaucoup comme le "miroir de l'âme". Ils sont le vecteur d'un grand nombre de messages, et nous pouvons déjà discerner certaines informations importantes à partir du contact visuel. Regarder notre interlocuteur dans les yeux de signifie l'intérêt et l'attention, la sincérité et la fermeté, en revanche veillez à ne pas le fixer trop longtemps, car cela pourrait signaler une menace ou une malhonnêteté. Cligner des yeux

très fréquemment peut indiquer un malaise ou une nervosité.
La bouche capte une autre grande partie des signaux. Il est bien connu que les sourires peuvent être plus ou moins sincères selon qu'ils impliquent ou non les yeux : lorsque notre interlocuteur sourit sans ciller, il est probablement en train de sourire faussement. Il peut s'agir d'un signe de malaise social, d'un sentiment d'inadéquation ou même simplement du signe qu'il réagit en fonction d'une attente et non parce qu'il envie de sourire. Les lèvres plissées, en revanche, signalent ouvertement la méfiance, voire la désapprobation. Enfin, nous nous souvenons de la scène emblématique du film « Le diable s'habille en Prada » qui décrit comment Miranda Priestly - qui est aussi un mauvais exemple de leader - approuve ou désapprouve la collection d'un designer : "Si elle n'aime pas, elle penche légèrement la tête.
Puis, il y a le plissement de ses lèvres." "Qu'est-ce que cela veut dire ?"
"Catastrophe !"
La position même des lèvres peut indiquer la joie ; si elles sont légèrement relevées, ou affichent une profonde tristesse, lorsque la bouche tend vers le bas.
La tension musculaire du visage est un autre signe : lorsque nous contractons nos sourcils au point de voir se froncer les sourcils de notre interlocuteur, nous observons

probablement de la désapprobation, de la colère, de la nervosité ou, plus rarement, de l'incompréhension. Au contraire, quand les sourcils se soulèvent et se rejoignent vers le centre, formant de petites lignes de froncement, nous sommes en présence d'un interlocuteur triste. La tension de la mâchoire peut indiquer une inquiétude, une douleur, un malaise, tandis que la tension du cou et des épaules indique certainement le stress et la nervosité. A tel point que les personnes soumises à un stress intense se plaignent facilement de douleurs dans les muscles des épaules, du cou, des cervicales et du dos, ainsi que de terribles maux de tête.

La couleur du visage est également un signal très important à prendre en compte. Malheureusement, son attention varie en fonction du sexe, de l'âge et de la personnalité de l'interlocuteur. Tout le monde ne rougit pas par honte ou par gêne mais, si c'est le cas, c'est un signe extrêmement reconnaissable. La pâleur du visage, qui indique normalement une grande peur, est très courante et varie selon le milieu culturel et social. Progressivement, elle nous rapproche d'une coloration plus universelle, car directement dépendante de l'oxygénation du sang et du rythme cardiaque, à savoir la coloration rouge qui suit un grand cri ou un fort moment de colère.

- ***La respiration***

Observer le rythme de la respiration de notre interlocuteur peut être relativement simple, qu'elle soit accélérée ou très lente, car nous disposons de plusieurs éléments d'évaluation :

En premier lieu, le mouvement du corps. Que la respiration soit superficielle ou profonde, il est possible d'observer un mouvement clair et visible de la poitrine, de l'abdomen, mais aussi des épaules. Si ces éléments nous sont inaccessibles, il est possible de saisir le rythme de la respiration à travers les pauses entre les mots, et éventuellement les bruits de respiration.

Une respiration courte et laborieuse peut indiquer la peur, l'anxiété, l'inconfort, mais aussi l'excitation et l'implication dans le sujet abordé. Une respiration lente et régulière peut être synonyme de calme et de sérénité mais, si elle est trop lente, elle risque davantage d'indiquer un interlocuteur triste et abattu, peut-être fatigué ou déprimé, certainement démotivé.

- ***Le ton de la voix***

Le volume de la voix n'est pas le seul indicateur d'une émotion.

De nombreux facteurs différents contribuent à l'expression

de l'émotivité, et ils sont nombreux à observer afin de réaliser une bonne interprétation qui suscite l'empathie. Il va sans dire qu'une forte colère coïncidera avec un ton de voix plus élevé, mais combien et quel type d'états émotionnels peut-il également signaler, s'il est lié à d'autres facteurs, tels que le rythme et la vitesse ?

Une personne qui parle de façon rapide et haletante peut sembler agitée ou en colère, mais parfois elle est simplement effrayée ou peu sûre d'elle. Une personne qui élève facilement la voix n'exprime pas nécessairement de la colère mais plutôt, dans certains cas, un profond mécontentement. Une personne qui parle lentement et clairement exprime la confiance, le professionnalisme et la compétence, tandis qu'une personne qui parle lentement mais pas clairement, en articulant mal, exprimera la gêne, la honte, la timidité.

Il est également important d'évaluer le regard, qui est relié Au ton de la voix, au volume et au rythme pour une évaluation plus complète et plus réaliste. Nous ne pouvons éviter de regarder l'ensemble du tableau, même si une seule ligne semble donner un signal clair.

Un bref résumé : l'empathie comme outil de la vie quotidienne

Faire refleurir son empathie - quiest un don inné de l'être humain, qui s'est progressivement enfouie en grandissant - est un véritable travail que chacun fait sur soi et qui demande du temps et de la patience, de l'attention et des soins. Dans ce chapitre, cependant, nous avons mis en exergue les avantages à tous les niveaux : nous avons pu évoquer plusieurs circonstances dans lesquelles une compétence empathique bien développée peut réellement changer notre vie.

Être des sujets empathiques nous permet de surmonter de nombreux obstacles quotidiens, tant dans les contextes personnels, relationnels et familiaux que dans les environnements professionnels et de travail. Cet incroyable outil nous permettra d'aborder chaque confrontation avec une attitude différente, évitant ainsi de nombreux désaccords familiaux ou relationnels et mettant encore mieux en valeur nos qualités au travail.

C'est une compétence qui peut réellement améliorer nos expériences, nos relations, notre approche de la vie – un fragment à la fois, un jour à la fois -. Et ce n'est pas tout : cultiver l'empathie peut changer la vie des personnes qui nous entourent. Pensons, par exemple, à nos enfants, aux

membres de notre famille, à nos épouses, à nos collègues : à quel point leurs journées peuvent-elles être meilleures s'ils ont à leurs côtés quelqu'un qui est enfin capable de les comprendre ?
Pensons un instant à toutes les fois où nous avons entendu notre partenaire, notre petite amie ou notre épouse, ou même nos enfants, nous dire que nous ne pouvions pas les comprendre, que nous ne nous mettions pas à leur place. Eh bien, grâce au développement de l'empathie, nous serons vraiment capables de le faire, et nous pourrons cultiver avec chaque membre de notre famille une relation de complicité et de confiance que nous n'avons jamais eue auparavant. Ce n'est pas parce que nous ne les aimions pas assez auparavant, mais parce que nous n'avions pas le bon outil pour comprendre leurs émotions, et peut-être n'avions-nous pas encore écouté correctement les nôtres. Être capable de lire en soi suffisamment profondément pour contrôler nos propres émotions, les communiquer correctement, mais aussi comprendre celles des personnes que l'on aime, est une opportunité incontournable pour avoir enfin la vie paisible et insouciante que nous méritons et désirons.
La compréhension et la complicité peuvent enfin être la norme dans nos relations, tandis que le leadership et le succès sont susceptibles de devenir des objectifs réalisables. Ils peuvent être durables, car être capable de construire de

meilleures relations de travail est une qualité qui porte des fruits immédiats, conséquents

et donc durables !

Comprendre les émotions de ceux qui nous entourent, et donc avoir une conscience profonde de nos propres émotions, n'est pas seulement un don, mais une compétence à cultiver, à entraîner et à développer chaque jour.

Partez à la découverte de votre véritable personnalité

La technologie, et en particulier les médias sociaux, ont conduit à une réflexion très importante et complexe sur deux différents niveaux de réalité qui, aujourd'hui, se chevauchent souvent, et parfois se remplacent complètement, en ce qui concerne la représentation du soi et les implications sociales et psychologiques de cette nouvelle approche de la communication.

Depuis longtemps, nous essayons de comprendre les conséquences de la perception de masse de la réalité, tant pour les utilisateurs qui la partagent que pour ceux qui l'utilisent en qualité de spectateurs.

Les deux plans auxquels je fais clairement référence sont la réalité que nous vivons au quotidien, faite de rituels journaliers qui ne sont ni spéciaux ni sensationnels, et la réalité quotidienne que nous exposons sur le web.

Sur les réseaux sociaux, nous ne partageons que certains aspects de notre vie, en partie pour protéger notre vie privée, mais aussi parce que certains commentaires manqueraient d'intérêt.

Il est peu probable que nous partagions des activités telles que faire la lessive, regarder la chemise que nous avons porté la veille pour voir si elle doit être lavée ou non, nettoyer la litière du chat, sortir les poubelles, changer les draps, travailler, choisir la meilleure marque de coton-tige, etc. Plus souvent, cependant, nous montrerons notre « happy hour » avec des amis, nos progrès à la salle de sport, le gâteau que nous avons réussi à faire cuire. Cela ne signifie pas que ce que nous postions en ligne est faux, ni que la réalité quotidienne des machines à laver et des poubelles est moins importante. Nous sommes les mêmes personnes qui rient à l'apéritif et s'occupent de nos maisons, nous choisissons simplement ce que nous supposons être plus intéressant à regarder.

Cette dualité, absolument unique dans l'histoire de l'humanité, apporte avec elle un grand nombre d'autres informations sures, par exemple, le niveau d'honnêteté d'un certain type d'images, ou sur le caractère potentiellement destructeur de la poursuite de l'esthétisme. Il est clair que nous ne sommes pas ici pour discuter de l'impact de l'utilisation des médias sociaux sur nos vies, toutefois nous allons utiliser cette réflexion pour mener une analyse encore plus spécifique autour de notre propre personne.

En premier lieu, l'utilisation de la technologie pour l'auto-narration a montré à quel point nous sommes rarement capables de nous dire qui nous sommes vraiment, et cela peut avoir des dizaines de raisons différentes. L'une d'entre elles est que nous avons souvent le sentiment d'avoir été entraînés par les circonstances dans une vie que nous ne savons pas encore si nous la reconnaissons ou non comme la nôtre. Bien sûr, c'est différent de ce dont nous rêvions au cours de notre adolescence, mais ce n'est pas nécessairement une mauvaise chose : nous grandissons et évoluons et, chaque jour, nous avons la possibilité et le droit de changer et de vouloir autre chose.

Notre vie est faite de choix, à chaque instant nous sommes confrontés à la nécessité de décider, et nous sommes souvent tellement dépassés par le quotidien que nous nous arrêtons devant le miroir et réalisons que nous sommes sur une pente glissante depuis des années. Ce phénomène est très courant et ne doit pas nous effrayer ou nous angoisser. Nous avons grandi dans une culture de la performance, où l'important n'est pas ce que nous voulons faire, mais plutôt que nous le fassions et que nous soyons capables de le faire mieux que quiconque, à n'importe quel prix. Nous avons grandi dans une culture qui ne nous demandait pas ce que nous voulions être quand nous serions grands, ni ce que nous ressentions, mais qui nous montrait plutôt que certaines décisions étaient préférables et admirables par rapport à d'autres. Et ce, sur la base de paramètres qui n'ont que peu ou rien à voir avec ce que nous sommes et ce que nous ressentons.

Dans un monde qui nous permet de faire littéralement n'importe quoi, grâce à la technologie et au progrès, c'est l'insatisfaction qui unit la majorité de la population mondiale sous toutes les latitudes. De très nombreuses personnes passent leur vie à essayer de ne pas vivre : en mettant en veille leur esprit critique devant la télévision tous les jours, en s'abrutissant avec l'alcool et les drogues, mais aussi en renonçant à tout moment à la spontanéité en passant chaque seconde à faire un travail qui ne leur plaît pas.

Il suffirait, comme l'a dit Socrate, de se connaître soi-même, en faisant une petite révolution chaque jour. S'accorder chaque jour cette seconde supplémentaire qui suffit pour se demander "Est-ce que je veux vraiment prendre cette décision ?
Qu'est-ce que je veux ? De quoi ai-je besoin ?".

Se connaître soi-même est la plus grande révolution dans un monde qui tend à rendre la vie de chacunprédestinée, centrée sur la performance et la productivité. Vous pouvez réussir, vous pouvez être heureux, vous pouvez enfin être satisfait de votre vie, en vous accordant la possibilité d'un véritable épanouissement, en vous demandant simplement chaque jour "Qui suis-je ? De quoi ai-je besoin ?".

Imaginez une vie dans laquelle notre insatisfaction est si lointaine qu'elle en devient presque amusante, une vie dans laquelle chaque décision ne dépend pas d'un conditionnement extérieur, mais uniquement de ce que nous voulons et de ce dont nous avons besoin.

Il est clair que nous serons toujours confrontés à des décisions presque "forcées", rendues nécessaires par nos responsabilités ou l'urgence du moment, mais celles-ci ne détermineront pas notre vie.

Ce que nous devons apprendre à faire, en nous exerçant chaque

jour, c'est apprendre à nous connaître, apprendre à nous écouter et enfin nous écouter.
Réécrivons nos vies, avec une sérénité nouvelle et renouvelée, reconstruisons et ravivons nos relations. Cessons de courir après le succès : écoutons le succès que nous avons inscrit en nous, grâce à notre unicité, à nos compétences et à l'intelligence émotionnelle que nous avons acquise.
De cette façon, le bonheur est vraiment au coin de la rue !

Comment retrouver la boussole ? Commençons par les origines

Pouvoir nous reconstruire, en partant finalement des questions "qui suis-je ?", "de quoi ai-je besoin ?", "quelles sont mes croyances ?", "qu'est-ce que je veux ?", peut sembler très complémentaire, et cela tend à l'être - ce ne sont pas des questions anodines - mais nous pouvons utiliser une simplification : partons des origines, des choix qui ont orienté notre vie de manière très spécifique. Par exemple, pourquoi avons-nous choisi une filière d'études spécifique plutôt qu'une autre, et pourquoi avons-nous choisi de poursuivre cette carrière plutôt qu'une autre entièrement différente. Ou pourquoi avons-nous choisi de vivre ensemble, de nous marier, d'acheter cette maison en ville.
Ne vous inquiétez pas : les réponses peuvent sembler évidentes

au premier abord ! "J'ai choisi cette université parce qu'elle m'offrait plus de possibilités de carrière, et cet emploi parce qu'il était mieux payé", "Je me suis marié parce que j'aime ma femme", etc. C'est là que réside le fossé : apprendre à mettre de côté les réponses automatiques auxquelles nous sommes habitués, puis à réfléchir beaucoup plus profondément. Nous avons choisi cette filière car elle offrait davantage de possibilités de carrière et nous garantissait potentiellement un statut élevé en termes sociaux et financiers. Mais était-ce vraiment ce que nous voulions ?

Ce faisant, nous ne cherchons certainement pas à stimuler la nostalgie ou le regret : nous essayons plutôt d'identifier ce qui est important pour nous, c'est-à-dire nos valeurs. Nous sentons-nous plus en sécurité avec une profession qui nous garantit un certain bien-être socio-économique ? Était-ce si important d'avoir délaissé le rêve de devenir un chanteur, un footballeur ou un astronaute célèbre ?

À ce stade, posons-nous la question suivante : la décision d'embrasser cette carrière dépendait-elle uniquement de nous, ou avait-t-elle été influencée par nos parents, qui souhaitaient certaines perspectives d'avenir pour nous ? Sommes-nous encore conditionnés par cette vision aujourd'hui ? La sécurité économique est-elle vraiment un besoin pour nous, ou sommes-nous également ici pour évaluer les valeurs de quelqu'un d'autre, et non les nôtres ? Nous avons acheté cette maison en ville parce que c'était une réelle affaire à l'époque, elle est proche de tous les services dont nous avons besoin et, comme si cela ne suffisait pas, nous avons aussi un garage et un jardin ! Notre décision était alors fondée sur un certain nombre de facteurs liés à la commodité et à l'aspect pratique, mais sommes-nous sûrs aujourd'hui que nous ne pouvons pas suivre notre désir illimité de mener une vie plus tranquille à la campagne ?

Au fil des années, la vie respecte-t-elle ce dont nous avons rêvé ou est-elle une copie de ce que l'on attendait de nous ?

Il n'est pas facile de poser des questions concrètes qui peuvent remettre en question l'image que nous avons créée de nous-mêmes ou celle que nous croyons avoir créée. Or, le secret du bonheur réside précisément ici : se reconnaître puis s'écouter suffisamment pour trouver le bonheur.

Si nous avons fait ces choix en toute connaissance de cause, que c'est ce que nous voulions, nous serons heureux de découvrir que, même si tout est allé très vite, nous sommes exactement là où nous voulions être et cette boussole ne sert qu'à nous rappeler que nous avons tout ce que nous voulions.

Si tel n'est pas le cas, ne désespérons pas : nous avons les outils pour être heureux à tout moment, il nous suffit de réaliser ce que nous désirons et, maintenant que nous avons enfin commencé à nous écouter, nous avons devant nous la route que nous nous sommes choisie de prendre.

Cela n'est pas grave de faire des évolutions et des changements dans notre vie, et, si cela peut nous apporter plus de joie et nous donner une image de nous-mêmes et de notre vie qui nous ressemble davantage, c'est une excellente chose.

Il est physiologique de changer, de se transformer, de grandir, il suffit de penser à la biologie et au renouvellement des cellules, qui accomplit son cycle tous les sept ans, faisant de nous de nouvelles créatures.
C'est aussi là que l'on trouve l'intelligence émotionnelle, comme outil indispensable pour mener à bien ce parcours de transformation en l'orientant au mieux vers notre bonheur et la sérénité de nos relations.

Je pense donc je suis : notre avenir entre nos mains

Avec une légère variation de la célèbre maxime de Socrate, que nous nous permettons de faire, nous abordons un nouveau chapitre - dans ce manuel, mais aussi dans nos vies. À la simple évocation de son nom, beaucoup d'entre nous se sentent envahis par l'inquiétude. Les questions, les craintes, les incertitudes viennent immédiatement. Dans ce sens, l'avenir est perçu comme quelque chose dont il faut se détourner, et c'est peut-être aussi la raison pour laquelle beaucoup de nos choix ont été faits d'une manière qui ne correspond pas vraiment à ce que nous voulions - surtout à long terme - mais plutôt à ce qui était nécessaire à ce moment-là.
Nous nous efforçons d'améliorer notre approche du concept de "l'avenir", en désapprenant et en déconstruisant la réponse

anxieuse, et en apprenant plutôt à considérer l'avenir comme quelque chose que nous voulons écrire nous-mêmes.

Parfois, même les plus petites décisions, prises dans la frénésie de la vie quotidienne, sont prises sans réfléchir, mais entraînent de grands changements. Inversons ce processus : au lieu de laisser notre avenir être défini par des choix faits de cette manière, concevons des objectifs, en faisant dépendre nos décisions d'eux.

Les grands stratèges numériques ont cette dynamique à cœur, tout comme les experts en marketing, et il n'est pas rare qu'ils adoptent cette approche dans leur vie privée. Nous avons parlé de ce que sont nos émotions et comment les reconnaître, les gérer et les transformer, nous avons défini les avantages de cultiver une compétence empathique bien entraînée pour améliorer nos relations et combien il est important de s'écouter et d'apprendre à se connaître. À ce stade du processus, lorsque nous avons défini ce qui est vraiment important pour nous, il nous suffit de planifier ce que nous voulons réaliser.

Distinguons calmement les objectifs à court et à long terme, sans oublier de maintenir une cohérence générale de tous ces objectifs par rapport à l'objectif principal de notre avenir, c'est-à-dire d'être plus heureux, plus satisfait, plus serein.

Se fixer des objectifs pour sa propre vie, qu'ils soient complexes et à long terme, ou plus simples et à court terme, ne fait qu'augmenter de façon exponentielle notre estime de soi et notre motivation à agir, activant un processus qui se nourrit de satisfaction et de bien-être. Chaque jour, nous aurons un objectif à atteindre, dont nous savons qu'il nous mènera à ce que nous voulons réaliser dans notre avenir, et chaque jour, nous aurons l'occasion de réaliser une partie du grand projet qu'est notre vie, telle que nous la voulons.

Quelques suggestions : n'oubliez jamais de fixer des objectifs - en particulier des objectifs quotidiens - qui soient réalisables, en termes de temps et de ressources. Se donner la tâche de réussir en une journée est ambitieux et motivant.

Cependant, les chances de réussite risquent d'être très minces, et un échec nous démotivera le lendemain. Il a été scientifiquement prouvé que le fait de ne pas atteindre les objectifs que nous nous sommes fixés détruit à long terme notre estime de soi, et - plus dangereux encore - nous habitue à échouer. Ne pas pouvoir atteindre un objectif n'est pas grave, mais donnons-nous la possibilité d'être satisfaits, motivés et heureux chaque jour en fixant des objectifs réalisables pour la journée. Notre estime de soi nous en remerciera !

Une fois que nous aurons établi ce que nous voulons atteindre, qu'il s'agisse de l'achat d'une nouvelle maison, pour laquelle nous économisons de l'argent tous les jours, ou pour laquelle nous travaillons des heures supplémentaires quotidiennement, ou qu'il s'agisse d'un second diplôme, pour lequel nous devons étudier, nous préparer et ainsi de suite, prenons le temps de planifier chaque étape nécessaire pour atteindre l'objectif ainsi que le délai.

La spontanéité est une compétence très importante, et il est nécessaire de la cultiver, mais elle ne peut certainement pas dominer notre vie quotidienne. Le risque est de nous retrouver avec une vie que nous ne reconnaissons pas, parce que nous n'avons jamais pris la peine d'établir un parcours pour réaliser ce que nous avons en réalité toujours voulu.

Une autre suggestion est de nous autoriser à changer d'avis : même si nous avons passé quelques années à travailler pour atteindre un objectif fixé, nous nous apercevons que ce que nous voulons a changé, ou nous avons simplement eu l'occasion d'apprendre quelque chose que nous voulons davantage et qui nous rendrait plus heureux. Permettons-nous d'être avant tout des êtres humains, des créatures curieuses, entourées d'un monde en constante évolution, plein d'indices et de stimuli infinis : changer d'avis et modifier ses plans, du moment que cela nous rend plus heureux, fait partie du jeu !

Les enfants et l'intelligence émotionnelle : élever des enfants heureux

À ce stade de la lecture, il est clair qu'il existe de nombreuses possibilités d'améliorer sa vie en augmentant son intelligence émotionnelle, mais il est également clair qu'un travail sur soi est nécessaire. Et si nous avions été des enfants formés à l'intelligence émotionnelle, serions-nous aujourd'hui des adultes plus heureux, plus satisfaits, plus à même de faire face à la vie et aux circonstances négatives auxquelles elle nous soumet parfois ?

Les études répondent par l'affirmative. En moyenne, les enfants dotés d'une intelligence émotionnelle supérieure sont plus heureux et plus sereins, font face mieux que les autres aux situations stressantes et sont mieux à même de contrôler leurs émotions. En outre, ils obtiennent de meilleurs résultats scolaires et sont plus sûrs d'eux, avec une estime de soi en moyenne plus élevée et une meilleure conscience de leurs compétences.

Parmi les références que nous avons aujourd'hui des études sur la relation entre l'intelligence émotionnelle et les enfants, citons John Gottman, un psychologue américain qui a observé les avantages et les opportunités de cette approche et a ensuite développé un guide pour les parents, afin qu'ils puissent devenir de véritables coachs pour leurs enfants (d'où le terme "parent coach (coach parental)").

Un « coach parental » est avant tout doté d'une intelligence émotionnelle et d'une empathie qui lui permettent de se mettre à la place de l'enfant et d'agir avec ses émotions. Ce n'est certainement pas une tâche facile, car l'implication émotionnelle peut conduire le « coach parental » à adopter un comportement non profitable par rapport à l'objectif. Le » coach parental », en effet, n'est pas pour autant permissif, pas plus qu'il n'est pas incapable de jouer son rôle de guide, ni de le réaliser en évaluant et en décourageant les mauvais comportements.

Cette formation émotionnelle évitera le risque d'élever un enfant alexithymie (sujet caractérisé par l'alexithymie, c'est-à-dire l'analphabétisme émotionnel, donc l'absence de capacité à exprimer ses émotions). Mais comment faire face à cette tâche ?

Tout d'abord, le coach parental doit cultiver et développer sa propre empathie afin d'être réellement capable de se connecter à ses propres émotions et à celles des autres. Ensuite, il est nécessaire de fournir à l'enfant les outils nécessaires pour verbaliser ce qu'il ressent, en nommant et en définissant chaque émotion de la manière la plus claire, la plus correcte et la plus complète possible. Il peut certainement être frustrant pour un enfant de ne pas être compris, mais encore plus de ne pas être capable d'exprimer ce qu'il ressent afin que ceux qui l'entourent puissent être compris ! Comme un chat qui se mord la queue, si l'on ne procède pas à une véritable alphabétisation émotionnelle. Que sont la colère, le bonheur, la tristesse, mais aussi la honte, la jalousie, comment affectent-ils le corps et l'esprit, que ressentons-nous lorsqu'ils nous envahissent, comment y faire face ? Pour aider l'enfant à faire face à ce processus de connaissance, rappelons-nous aussi comment nous y avons fait face nous-mêmes quelques chapitres plus haut, et invitons-le à écouter son corps. Son corps décrit chaque émotion de façon claire et évidente, comme le fait le nôtre, et peut-être plus que le nôtre, puisque l'enfant n'a pas encore été soumis aux limites du comportement social.

En l'aidant à comprendre ses émotions, comment on les appelle et ce qu'elles impliquent, nous pouvons l'aider à comprendre comment les gérer, afin de lui assurer le plus grand bien-être psychophysique possible.

Évidemment, cette dernière - la gestion - , nécessite une mise à jour continue : il ne suffit pas d'apprendre une seule façon de gérer les émotions, puisque chaque circonstance est différente, et qu'à chaque instant l'enfant grandit et développe une nouvelle partie de sa personnalité.

Les stratégies d'adaptation doivent être mises à jour de temps en temps, il est donc important d'apprendre à l'enfant à faire une auto-analyse. Nous verrons plus tard comment cela est possible. Entre-temps, nous analyserons également l'importance, absolument essentielle, de laisser l'enfant expérimenter même les émotions les plus difficiles, les plus négatives : mettre un enfant sous cloche émotionnelle, l'empêcher d'expérimenter la colère, la tristesse, etc. fera que ces émotions seront de moins en moins gérables au fur et à mesure que s'éloignera le moment où il les ressentira pour la première fois. Ces émotions sont fondamentales pour son équilibre et son bien-être, mais aussi pour son épanouissement. Une fois qu'il aura suivi lui aussi un parcours de découverte de ses émotions, il sera temps pour lui de découvrir les émotions de ceux qui l'entourent, par l'observation et donc le développement de l'empathie.

A ce stade, voyons quelques exemples pratiques de ce processus. Combien de fois avons-nous eu une conversation avec notre enfant et avons-nous entendu que ses amis ne voulaient plus jouer avec lui ?

Notre réaction émotionnelle est importante à ce moment-là, car nous aurons instinctivement tendance à répondre de manière à le protéger de cette déception par un simple "Ne sois pas désolé, tu trouveras d'autres amis avec qui jouer". Où est l'erreur ici ?

Nous avons simplement annulé son émotion : lui dire de ne pas être désolé ne l'empêchera pas de se sentir rejeté, de trébucher. De plus, l'inviter à trouver de nouveaux amis le met en position de surmonter le problème sans écouter ses émotions. Est-ce que trouver de nouveaux amis est ce qu'il désire ? En faisant cela, écoute-t-il ce qu'il désire ?

Comment mieux réagir en vue d'optimiser son intelligence émotionnelle ? Pour commencer, demandons-lui comment il se sent de ne plus être bien accueilli par ses amis. "Cela vous fait-il souffrir ? Comment vous sentez-vous ? Etes-vous en colère ?" Deuxièmement, apprenons-le à se demander comment il aimerait résoudre le problème. Cela ouvre un large éventail de possibilités. Les seules possibilités qui peuvent être écartées sont toutefois celles qui sont préjudiciables à notre enfant ou aux autres enfants : lorsque sa réponse est qu'il veut jeter ses jouets le lendemain, nous devons lui expliquer que cela n'est pas une bonne solution mais, que s'il veut se comporter de cette manière, c'est sans doute parce qu'il est en colère. Apprenons-lui donc à canaliser cette émotion, et à la décourager en la catégorisant comme inappropriée. Toutefois, si sa solution n'est pas nuisible pour lui-même ou pour les autres, mais que nous ne pensons pas qu'elle soit la bonne, laissons-le faire l'expérience lui-même : apprenons à le laisser se tromper. Apprendre de ses erreurs, si elles n'ont pas causé de dommages particuliers, fait partie de sa croissance. Les enfants ont un grand besoin d'apprendre, et s'instruire en commettant des erreurs fait aussi partie du jeu.

Une autre possibilité est qu'il ne sait pas comment trouver une solution à son problème. Dans ce cas, nous pouvons l'aider à trouver une solution en l'invitant à visualiser la manière dont il a réussi à gérer une situation similaire dans le passé. De cette façon, il/elle aura plus de facilité à découvrir le lien la connexion action-conséquence positive plus facilement, et sera mieux à même de se calibrer, en visualisant une solution cohérente avec ce même modèle et les succès passés.

Une autre circonstance courante est le pleur inconsolable dû à un moment de recherche d'attention, d'ennui, de jalousie, d'insatisfaction. Notre réaction, surtout si nous sommes à la fin d'une journée très stressante, peut-être une réaction de colère, ce qui nous amène à réagir instinctivement avec notre enfant. Respirons profondément et réfléchissons : son expression de détresse est motivée par quelque chose, même s'il sollicite notre attention. Plutôt que de le punir, ou de le gronder parce que nous sommes fatigués et ne pouvons plus supporter les cris, essayons de faire preuve d'empathie. Demandons-lui comment il se sent, pourquoi il est si angoissé. En nous concentrant sur a réponse, l'enfant se calmera très probablement. Aidons-le en acceptant sa réponse et en l'invitant à nous dire ce qu'il ressent de manière plus approfondie, en respirant calmement. En fonction de la situation, demandons-nous s'il faut le rassurer sur son manque ou si nous devons lui rappeler de trouver une meilleure solution à ses pleurs la prochaine fois !

Si notre enfant a du mal à se calmer autrement, invitons-le à prendre du temps pour lui - sans crier et sans le punir - pour réfléchir à cette situation et à se prendre en main. Lorsqu'il sera calmé, parlons ensemble.

Cela ressemble à une méthode différente, et la plupart des parents pensent qu'il est absolument impossible de le faire. La plupart des parents auraient raison s'ils faisaient le lien avec une tentative unique et isolée.

En nous montrant chaque jour à l'écoute, disponibles et

accueillants envers ses émotions, en lui montrant que nous lui accordons de l'importance à tout moment, en le dirigeant et en le guidant uniquement quand il en a besoin, nous augmenterons sa capacité à gérer ses émotions, en ayant la certitude d'avoir un guide disponible à ses côtés. Lui demander d'aller dans sa chambre pour se calmer et revenir nous voir pour nous dire comment il va, alors que

D'autres fois il ne reçoit que des réprimandes, ne fonctionnera pas forcément. L'apprentissage émotionnel est un processus. Les résultats exigent du temps, ce qui est absolument subjectif, et beaucoup de patience. Au moins autant de patience que celle que nous avions pour nous-mêmes lorsque nous avons commencé à entraîner notre intelligence émotionnelle.

Aucune émotion n'est inappropriée

Il est essentiel de se rappeler qu'aucune émotion ne doit être déraisonnable. Chaque émotion, comme nous le savons, a son origine et sa fonction propres, sa raison d'être, et ceux qui les éprouvent ont pleinement le droit de les explorer, dans les limites d'une expérimentation qui n'est évidemment pas nuisible, ni pour eux-mêmes ni pour les autres. Imposer à l'enfant de ne pas pleurer, annuler son émotion, c'est lui apprendre à diaboliser et à fuir ce sentiment même à l'âge adulte, au point de le réprimer.

Refouler ses émotions n'apporte aucun bénéfice psycho-physique, bien au contraire ! La colère, surtout à un âge où elle a tendance à s'exprimer de manière explosive, peut facilement être découragée par les parents, par des méthodes punitives ou humiliantes : là aussi on va inculquer à l'enfant l'idée que cette émotion est néfaste, et donc à réprimer (rappelez-vous la cocotte-minute ?). Comme toutes les émotions, même celles considérées comme "négatives" doivent être vécues et gérées, et certainement pas réprimées ni ignorées.

Les avantages relationnels d'une famille qui se consacre à l'intelligence émotionnelle

Être des coachs parentaux, dotés d'une intelligence émotionnelle, et donc montrer l'exemple à cet égard, fait de nous des parents complices de nos enfants. En particulier, il a été observé qu'en plus d'élever des enfants plus heureux, le coaching émotionnel conduit également à la création d'un lien plus profond et plus stable avec votre enfant, qui est susceptible de le rester même lorsqu'il grandira. Il continuera à vous voir comme un point de référence, une personne qui est un modèle, un guide, mais aussi un parent qui lui donne la possibilité de faire des erreurs et d'apprendre à se connaître.

Développer une connexion plus profonde avec les émotions en relation avec ce que l'enfant veut réaliser. Une fois accepté, les émotions ne seront plus un moyen d'imposer sa volonté, mais les mots et le dialogue seront les outils pour communiquer ses

besoins et ses manques.
Augmenter la capacité à contrôler ses émotions par rapport à des moments de grand stress, tels que des traumatismes, des pertes, des échecs, des déceptions, etc.

L'intelligence émotionnelle : découvrez la clé du leadership

Lorsque l'on parle de leadership en relation avec l'intelligence émotionnelle, on ne peut manquer de mentionner le fondateur de cette combinaison gagnante. Dans une culture qui place la recherche de la réussite professionnelle au centre de ses préoccupations, Goleman traite ce sujet de manière très complète. Et à juste titre. Parmi les chercheurs que nous avons mentionnés jusqu'à présent, Goleman est probablement le psychologue le plus orienté vers l'utilisation de l'intelligence émotionnelle comme outil fondamental pour la construction de son succès professionnel - contrairement, par exemple, à Salovey et Mayer, qui ont orienté leurs études vers les bénéfices liés au contexte social et relationnel en particulier. Nous parlons d'une combinaison gagnante car il n'y a aucun doute sur l'énorme potentiel de l'intelligence émotionnelle, si elle est soigneusement développée, dans le contexte social et relationnel, jouant ainsi un rôle déterminant dans le succès de tout professionnel.

Que vous soyez biologiste, mécanicien, écrivain, coursier, enseignant ou entrepreneur, l'intelligence émotionnelle peut être la clé de l'évolution de votre carrière en raison de sa nature transversale. Elle ne vous apprend pas à mieux réaliser des calculs ou des équations, ni à avoir un meilleur sens de l'orientation, pas plus qu'à devenir un scientifique mieux formé. L'intelligence émotionnelle enseigne, par la connaissance de ses propres émotions et de celles des autres, comment faire face de manière optimale et avec succès à toutes les circonstances, en orientant son comportement vers la réalisation d'un objectif fixé, en bannissant l'instinct, trop souvent néfaste sur le lieu de travail, et en favorisant la connaissance de soi et l'empathie envers les autres.

Plus précisément, une intelligence émotionnelle correctement développée permet de devenir un véritable leader.

En plus d'être un point de référence pour les autres, nous serons des motivateurs, nous valoriserons les émotions de nos collègues en faisant preuve d'empathie à leur égard et en réduisant considérablement leur stress et leur frustration, et nous serons perçus comme des alliés.

Les avantages d'un environnement de travail avec un bon leader

Quelle est l'importance du leadership au travail ? Il ne s'agit certainement pas d'avoir des compétences importantes, et nous le savons à ce stade du manuel : être un bon manager signifie diriger, et diriger signifie avoir la confiance des autres pour le faire.

Un environnement dans lequel règne la confiance, la

collaboration, l'écoute active, la sincérité, l'aide, le soutien, est un environnement dans lequel chaque personnalité a la possibilité de donner le meilleur d'elle-même, dans lequel chaque personne est réellement une ressource capable d'apporter ses qualités les plus performantes et qui veut travailler pour atteindre les objectifs de l'entreprise, car il les perçoit comme les siens.

En particulier, un bon leader crée un environnement de travail dans lequel :

- la motivation grandit : un environnement facteur de bien-être, sûr et serein, donne envie aux gens l'envie d'offrir le meilleur d'eux-mêmes, ce qui augmente considérablement la motivation de toute l'équipe ;
- l'augmentation de la performativité (une augmentation estimée à plus d'un million d'euros).

Il a été prouvé que les environnements de travail où règnent la confiance et la santé grâce à l'encadrement d'un leader capable d'écouter et de motiver, sont nettement plus performants que les entreprises où l'on tente d'épuiser l'énergie des employés dans un environnement malsain, compétitif et punitif ;

- la capacité de concentration augmente : il va de soi que, dans un environnement sain et attractif, où l'on se sent à l'aise grâce à la présence d'un leader volontaire et présent, et où il n'y a pas de motifs constants d'insatisfaction, de frustration ou d'anxiété, il est beaucoup plus facile de travailler avec concentration.
- La capacité à résoudre les problèmes se développe : un bon apprenant doté d'intelligence émotionnelle sait combien il est

important, comme nous l'avons mentionné à propos de la croissance des enfants, de laisser les personnes qui l'entourent essayer des solutions par elles-mêmes, même si elles font des erreurs. Ce type de particularité est totalement absent si nous nous trouvons dans des contextes où le "patron" impose la manière de tout résoudre - peut-être en criant et en se plaignant qu'il doit tout faire - sans jamais donner à ses employés la confiance nécessaire pour effectuer eux-mêmes une série de tâches et développer la résolution de problèmes.

Le leadership comme formation

Avec de l'intelligence émotionnelle, notre leader idéal ne s'arrête pas là.

Une formation constante et quotidienne est essentielle pour qu'il soit en mesure de répondre à chaque variation et changement de l'environnement de travail, à chaque circonstance et même aux moments de grand stress. Parmi celles-ci, il est important que notre leader soit entouré d'une grande variété d'opportunités d'échanges, pour entraîner ses capacités d'écoute active, mais également afin qu'il s'entoure de collaborateurs qui testent sa flexibilité de pensée.

Le fait d'être entouré en permanence de personnes qui pensent comme nous nous limite considérablement en termes de contenu - qui peut prétendre que nous ne pouvons pas apprendre d'une opinion différente ? - mais surtout, elle ne nous met jamais en position d'entraîner notre capacité à maintenir la confrontation sur les rails d'un échange sain, sans encourir de comportement inadéquat.

Ce type particulier de formation, qui peut sembler superflu, permet d'accroître notre compétence collective, et surtout d'améliorer les relations avec nos collègues, qui ne craindront pas de s'exprimer, car même en cas de désaccord, ils se sentiront respectés. Ce type de dynamique n'est pas fréquent, surtout dans les entreprises qui ont tendance à rester focalisées sur la productivité et à accorder peu d'attention aux dynamiques humaines et relationnelles, pourtant intrinsèquement indispensables, puisque toute entreprise est composée de personnes.

Stratégie appliquée pour le développement de l'intelligence émotionnelle : deux étapes pratiques

Définissons maintenant en détail et en termes concrets tout ce que nous avons abordé jusqu'à présent en théorie. Ce manuel se veut un guide pratique capable de soutenir efficacement le développement de l'intelligence émotionnelle, avec ses implications positives dans toutes les sphères de notre vie - relationnelle, professionnelle, mais surtout personnelle. En décrivant, en effet, les avantages liés à notre sphère émotionnelle, ou en traitant de la combinaison gagnante de l'intelligence émotionnelle et du leadership, nous avons également mentionné l'élément qui est peut-être le plus pertinent, à savoir la possibilité de se connaître enfin, de s'accepter, de se regarder avec un nouveau regard, voire de réaliser un véritable développement personnel.

Des stratégies concrètes

Quelles sont essentiellement les stratégies à appliquer pour développer cet extraordinaire outil de croissance et d'amélioration ?

Dans un premier temps, revenons à la base : l'écoute de soi. N'oublions jamais que, même si nous essayons instinctivement et par erreur de les cacher, nos émotions émergeront toujours à travers les manifestations du corps. Notre rythme cardiaque s'accélère, nos mains commencent à trembler, des perles de sueur perlent sur notre front - ces changements révèlent un état d'anxiété, tout comme le font un étudiant avant un examen important ou un professionnel avant une présentation qui va changer sa carrière.

Soyons à l'écoute de nous-mêmes, apprenons à lire les changements et à nous y référer, afin de pouvoir contrôler nos émotions. Simplement, après avoir pris conscience des émotions, est-il possible d'en prendre le contrôle ? Un outil extraordinaire pour cela est la méditation.

Nous n'avons pas besoin d'objets particuliers pour pratiquer la méditation, si ce n'est un manuel et un temps pour méditer. Grâce à la concentration, la méditation est capable de nous remettre en contact avec nous-mêmes et nos émotions, de les "observer" et de les évaluer, voire de les surmonter ou de nous apporter des solutions.

Ayons une relation plus sincère avec ce qui motive réellement nos décisions, remettons toujours en question ce que nous considérons comme acquis, et libérons nos pensées des réponses automatiques. Ne cessons pas de nous demander pourquoi nous faisons nos choix. Utilisons une méthode qui nous permette d'y réfléchir, même à une date ultérieure, de les revoir et de les comprendre pleinement, cette méthode consiste simplement à les écrire.

Qu'il s'agisse d'un carnet ou d'un journal intime, créons-nous un cadre propice dans lequel nous pouvons nous ressourcer, pour réfléchir r et verbaliser ce que nous ressentons, ce qui anime notre vie, nos décisions. Cet outil, qui peut sembler très banal en apparence, mais qui est à la portée de tous, nous donne la possibilité de suivre nos pas, de réfléchir à ce qui nous a conduit dans une certaine direction afin de ne pas répéter ce comportement, mais aussi de réévaluer notre parcours et de visualiser notre progression, en relation avec notre intelligence émotionnelle.

Faisons une autre analyse, cette fois sur les émotions qui nous envahissent plus souvent que les autres. On parle dans ce cas de tonalité émotionnelle ou d'émotion prédominante. Cette analyse est très importante, et doit être menée avec persévérance, pour définir la manière dont nous abordons ce qui nous arrive. En empruntant cette voie, nous pouvons facilement identifier les raisons pour lesquelles nous ne parvenons pas à atteindre nos objectifs. Sommes-nous toujours habités par un sentiment de colère, de sorte que nous réagissons instinctivement ? Sommes-nous souvent tristes ou démotivés ? Nous pourrions étudier ces émotions

Afin d'en révéler l'origine : peut-être ne sommes-nous pas si satisfaits de la vie que nous avons mis tant d'énergie à travailler. L'intelligence émotionnelle, c'est aussi comprendre la capacité à réguler notre tonus émotionnel, jusqu'à modifier notre émotion dominante lorsqu'elle nuit à notre bien-être psychologique et physique, à notre bonheur, à nos relations et à notre réussite au travail.

Prenons l'habitude d'analyser, avec nos émotions et les motivations de nos décisions, la façon dont nous percevons le temps dont nous disposons dans la journée. Combien de fois nous sentons-nous submergés par les engagements, nous plaignant de ne pas avoir le temps de terminer notre travail, de lire tel ou tel livre, d'envoyer tel ou tel message ou même de cultiver nos loisirs ? En plus d'être une caractéristique de notre âge, l'obsession du temps peut réellement affecter notre vie de manière négative avec un état d'anxiété permanent. A quelle fréquence

ce sentiment de culpabilité nous envahit-il, combien de fois remettons-nous à plus tard ce que nous devrions faire ? Nous sommes-nous déjà demandé pourquoi ? Ce n'est pas toujours à cause de la paresse ou la fatigue, il se peut que nous ressentions un sentiment de rejet de l'activité.

Exercices

Il peut être intéressant et utile d'effectuer des exercices pratiques, qui peuvent nous mettre davantage en contact avec nos émotions :

1. Le tableau des émotions

Nous établissons un tableau reliant chaque émotion à l'événement qui l'a déclenchée et aux réactions physiques que nous avons observées en réponse à ces émotions.
Quel est l'objectif de cet outil ? En premier, nous exerçons notre capacité à comprendre nos sentiments comme quelque chose qui se rapporte directement à des paramètres précis. Deuxièmement, ce que nous ressentons en faisant le tableau est indicatif et peut être une leçon supplémentaire pour nous.
Si nous avons du mal à décrire une émotion, il se peut que nous ayons besoin de mieux la connaître - mais peut-être avons-nous de la peine à en parler parce qu'elle nous met mal à l'aise -, il est clair que nous devons explorer davantage la douleur causée par cet événement déclencheur et en comprendre les raisons.

2. Les émotions en relation avec la musique

Il est bien connu que la musique peut évoquer des états émotionnels très intenses. Profitons de cette occasion pour explorer notre émotivité : prenons un peu de temps pour nous, en écoutant un peu de musique - choisissons librement le genre que nous préférons - et écrivons sur un tableau, sur lequel nous avons préalablement répertorié toutes les émotions, l'intensité que nous ressentons avec des valeurs numériques simples, de 0, qui représente l'absence d'intensité, à 10, qui symbolise l'amplitude maximale. Nous découvrirons qu'en écoutant certaines chansons, par exemple, nous aurons marqué le chiffre 8 à côté de Bonheur, et 0 à côté de Tristesse, alors qu'en écoutant d'autres chansons, nous aurons noté 5 à côté de Colère et 0 à côté de Tristesse.
Si nous écoutons les autres, nous aurons marqué 5 à côté de la colère et 0 à côté du bonheur. E ainsi de suite.
Cet exercice est très important pour apprendre à se rapporter aux émotions à partir de stimuli contrôlés et inoffensifs, et donc à réfléchir à nos sensations. Mais aussi à les accepter : combien de fois dans la journée essayons-nous de chasser la tristesse, parce que nous n'aimons pas du tout nous sentir tristes. Nous utilisons ce morceau de musique qui nous rend triste pour apprendre à rester dans cet état émotionnel, pour apprendre à le tolérer, à l'accepter, à le gérer et enfin à le transformer.

Nous sommes arrivés au terme de ce voyage émotionnel, et

j'espère que vous avez apprécié mon livre et qu'il vous a fait participer à ce sujet très intéressant. Je suis sûr qu'après avoir lu ceci, quelque chose en vous changera. Dites-moi ce que vous en pensez en laissant un commentaire sur la page adéquate et rejoignez mon groupe Facebook pour rester informé de mon univers ; recherche sur Facebook: **Ryan Andrews Readers Group.**

Conclusion

Comment vous sentez-vous à la fin de ce voyage ?
Le voyage vers l'intelligence émotionnelle ne fait que commencer, même si le mot "conclusion" apparaît sur cette page. Quiconque veut briser le cycle de la négativité, qui veut vraiment - et pas uniquement en paroles - améliorer sa vie, grandir, apprendre à se connaître, devenir conscient, ne fait que commencer ce voyage, et il ne l'a certainement pas terminé ici.
La révolution menée par Goleman avec l'approfondissement et la diffusion de la théorie de l'intelligence émotionnelle a fortement influencé notre société, ramenant l'être humain, désormais complètement immergé dans la technologie et la frénésie de la performativité, à lui-même. L'intelligence émotionnelle est une lueur de reconnexion avec la nature humaine, qui est hautement sociale et spirituelle dans cette culture dominée par le matérialisme.
L'intelligence émotionnelle doit être vécue comme un voyage, au cours duquel il ne faut pas être pressé d'atteindre le but, mais plutôt profiter de chaque étape et ne poursuivre qu'après avoir exploré tous les recoins des villes traversées.
Certains appellent cela la "route du bonheur", et j'aime à penser qu'ils ont raison, car l'attitude émotionnelle et mentale avec laquelle nous abordons la vie fait une différence dans chacune de

nos expériences. Cela s'applique également à la vie de ceux qui nous entourent. Comme nous l'avons vu, un parent qui a développé l'intelligence émotionnelle peut réellement changer et améliorer la vie de son enfant, en lui permettant de la cultiver et d'en faire un outil pour améliorer sa vie dès son plus jeune âge. Il en va de même pour le professionnel qui se pose en leader et améliore l'environnement de travail qu'il fréquente.

L'intelligence émotionnelle peut vraiment être la clé de voûte de nombreuses personnes dont l'existence semble s'opposer à ce qu'ils désiraient, lorsqu'ils avaient encore la capacité d'en exprimer le souhait. Il peut faire une différence dans la vie de ceux qui ne parviennent pas à accepter une émotivité qui domine leur existence et détruit leurs relations, et sauver ceux qui, incapables d'entrer en relation avec leurs émotions, tentent de les remplacer par l'alcool, les drogues, les mauvaises habitudes et une vie insatisfaisante avec peu d'expériences positives.

Ces sept étapes peuvent vous mener vers le succès dont vous n'osiez pas rêver étant enfant et vous transformer en la personne heureuse et épanouie que vous avez toujours voulu être et que vous avez tellement essayé de démontrer. Obtenez enfin la vie que vous méritez en travaillant uniquement et exclusivement sur vous-même.

Printed in France by Amazon
Brétigny-sur-Orge, FR

15221508R00051